Birindwa Bahizire Kinley

L'AMOUR DE DIEU EN GENESE 3,17-24

Birindwa Bahizire Kinley

L'AMOUR DE DIEU EN GENESE 3,17-24

Éditions Croix du Salut

Imprint
Any brand names and product names mentioned in this book are subject to trademark, brand or patent protection and are trademarks or registered trademarks of their respective holders. The use of brand names, product names, common names, trade names, product descriptions etc. even without a particular marking in this work is in no way to be construed to mean that such names may be regarded as unrestricted in respect of trademark and brand protection legislation and could thus be used by anyone.

Cover image: www.ingimage.com

Publisher:
Éditions Croix du Salut
is a trademark of
Dodo Books Indian Ocean Ltd. and OmniScriptum S.R.L publishing group

120 High Road, East Finchley, London, N2 9ED, United Kingdom
Str. Armeneasca 28/1, office 1, Chisinau MD-2012, Republic of Moldova, Europe
Printed at: see last page
ISBN: 978-620-6-17069-3

L'Amour du Dieu-Créateur en Genèse 3,17-24

EPIGRAPHE

Au but de sept jours, la parole de l'Eternel me fut adressée en ces mots : Fils de l'homme, je t'établis sentinelle sur la nation d'Israël. Tu écouteras la parole qui sortira de ma bouche et tu les avertiras de ma part.

Quand je dirai au méchant : Tu mourras ! Si tu ne l'avertis pas, si tu ne parles pas pour détourner le méchant de sa mauvaise voie et pour lui sauver la vie, ce méchant mourra dans son iniquité et je te réclamerai son sang.

Mais si tu avertis le méchant et qu'il ne se détourne pas de sa méchanceté et de sa mauvaise voie, il mourra dans son iniquité, et toi tu sauveras ton amé.

Si un juste se détourne de sa justice et fait ce qui est mal, je mettrai un piège devant lui et il mourra parce que tu ne l'as pas averti, il mourra dans son péché, on ne parlera plus de la justice qu'il a pratiquée et je te réclamerai son sang. Mais si tu averti le juste de ne pas pécher et qu'il ne pèche pas, il vivra parce qu'il s'est laissé avertir et toi tu sauveras ton âme.

Ezéchiel 3,16-21.

DEDICACE

A mon épouse Bora Buluhu,

A mes enfants Aline Mungu-Yene Wampaga Birindwa et son époux Balol'ebwami David, Alain Yashar, Baraka Yoshua Budali, Yedidiah et Lionelle

A mes petits-enfants Kemani et Daniel

Le texte de Genèse 3,17-24 se trouve dans la première partie du livre qui va du première chapitre jusqu'au onzième où il est question de plusieurs descriptions représentatives d'images qu'il n'est pas facile de comprendre d'un seul cou. Genèse 1-11 traite des débuts de l'humanité dans un univers crée par Dieu. D'après cette partie, Dieu forme un homme de la terre et le place au milieu des plantes et des animaux. L'homme choisit d'écouter une autre voix que celle de Dieu et se trouve ainsi exclu du paradis. Il doit désormais vivre dans la confusion la plus totale, la souffrance et la division comme conséquence de son mauvais choix. L'humanité tente de constituer son unité mais échoue. Cette histoire, nous pouvons la présenter sous quatre principaux récits, à savoir, le récit du paradis ou d'Adam et Eve (2,4b-3,24), celui de Caïn et Abel (4,1-16), celui du déluge (6.1-8,22) et celui de la tour de Babel (11,1-9).

La question principale que nous voulons aborder dans cette étude et qui constitue en quelque sorte le problème majeur de la compréhension du texte est double. Il s'agit d'une part de chercher à répondre aux problèmes sérieux d'interprétation du texte, dont celui de l'arbre du bien et du mal. Cet arbre est parmi les points les plus discutes de la péricope par les exégètes.

Le sujet de notre étude est vaste et suscite l'intérêt de proposer quelques réponses aux questions que nous nous posons sur le texte. La motivation de notre sujet est issue des différentes interprétations parfois erronées de Genèse 3. Ainsi, pour la meilleure compréhension de Genèse, il s'avère indispensable de faire une analyse sémantique des mots constituants la péricope de notre étude.

D'autre part, il faut envisager la question épineuse du jugement de Dieu telle que le décrit le Yahviste à la manière d'un véritable juge. La réponse à cette question justifie la compétence illimitée de Dieu sur tous les actes humains étant donné que le péché met fin à l'ère première de bénédiction.

Dans le cadre de l'étude de Genèse 3,17-24, sous sommes de l'avis que Dieu, dans sa loyauté, sa justice, ne peut punir qu'après avoir averti Adam (Genèse 2,15-17). Pour cette sanction, l'auteur Yahviste qui ne s'adresse à personne d'autre qu'a Israël montre que l'homme est à la base et à l'origine même de son propre malheur et péril, qu'il est en quelque sorte l'auteur de tous les maux qu'il subit.

Il est généralement accepte que la sanction a un rôle à la fois pédagogique et éducatif dans toutes les sociétés sous la direction de l'homme (famille, clan, groupe, communauté, pays...) ce qui justifie et qui est la raison d'être des entités juridictionnelles, pénitentiaires et correctionnelles) ou sous la direction de Dieu. Dieu fait recourt à cette pédagogie comme moyen de remettre l'homme sur la bonne voie de la même manière qu'un père de la famille pour rétablir l'ordre. Cela étant, cet ouvrage se focalisera sur certains points majeurs tels que le travail, le châtiment, le caractère héréditaire du péché, et la mort.

Notre étude du livre de Genèse 3,17-24 vise à faire comprendre le sens des images du texte en général tout en mettant l'accent sur le péché de l'homme, la sanction de Dieu, la mort qui en découle ainsi que des explications sur le bien et le mal. Nous nous assignons aussi comme objectif ici de trouver des explications sur l'origine de la vie malheureuse de l'homme, pourquoi tant des problèmes dans la vie ? Pourquoi la vie malheureuse et de souffrance de l'homme ? Pourquoi la mort ? Les images utilisées par l'auteur devront être comprises autrement que de façon littérale simpliste. Les conditions de vie difficiles que traverse l'homme n'engage en rien la responsabilité de Dieu, mais de l'homme lui-même. D'après l'auteur, croyons-nous, il aurait fallu faire de son mieux pour rétablir la relation perdue. L'homme doit faire de son mieux pour rétablir la relation gâchée.

Cette étude qui ne se concentre que sur Genèse 3,17-24 veut mettre l'accent sur les différents aspects que reflète le texte du point de vue de son style. Cet ouvrage s'articule sur trois chapitres et une conclusion générale. Dans la première partie, il sera question de présenter le livre de Genèse de manière succincte et précise et d'analyser la péricope précitée. Dans la deuxième partie nous essayerons de d'étayer et d'analyser le problème épineux du jugement de Dieu, comme conséquence fâcheuse, immédiate résultante du péché. Tandis que la troisième partie du livre s'occupe du péché en tant que pièce maitresse de la dégradation de la relation existant entre Dieu et l'homme. Dans ce chapitre nous parlerons de la sanction comme pédagogie mais aussi de l'amour et du pardon de Dieu a l'homme. Celui-ci n'a pas perdu tout l'espoir du salut définitivement bien qu'ayant perdu la possibilité d'accéder au jardin.

CHAPITRE PREMIER

PRESENTATION DU LIVRE DE GENESE

1.1   INTRODUCTION

Dans ce chapitre nous essayerons de faire une présentation sommaire du livre de Genèse. Nous abordons respectivement la question relative à l'auteur, la date de rédaction, le destinateur, le plan du livre ainsi que son contenu. Ensuite nous essayerons de faire une étude appropriée du texte de Genèse 3,17-24. Dans ce sous point nous traiterons respectivement les questions en rapport avec la critique textuelle, la traduction du texte, la structure, le contexte littéraire et en fin une conclusion partielle mettra le boucle à ce chapitre.

En effet, le livre de Genèse porte le titre *twarb* (bereshit)[1] en hébreu qui signifie "au commencement" tandis que la LXX le nome Γενεσις(Genesis)[2]. C'est de ce dernier (LXX) que découle le nom Genèse en français qui raconte les origines du monde et le début de l'action de Dieu parmi les hommes.

Ce livre se subdivise généralement en deux sections principales dont: l'histoire des origines du monde (1-11) et celle des patriarches ou pères (12-50)[3], ancêtres du peuple de Dieu[4]. C'est à travers ces deux sections que Genèse décrit la notion d'une véritable naissance, l'histoire des origines, l'histoire d'un peuple sous forme d'un germe qui porte déjà en lui tout le développement future de l'histoire biblique dans laquelle se dessinera le plan de Dieu.

La terre est informe et caractérisée par le désordre, le vide avant la création, tandis que un ordre, une lumière, une vie... ont lieu à la création. Selon l'auteur, Dieu est la source de tout ce qui est. Le livre de Genèse est conçu généralement et spécialement dans le but de répondre aux grandes questions existentielles de l'homme de tout temps et de tout lieu. D'où vient l'homme, pourquoi et comment existe-t-il ? L'auteur y souligne l'origine de tout, la mort,

---

[1] R.KITTEL, et al., *Biblia Hebraica Stuttgartensia*, Deutsche Bibelgesselschaft, 1987, p.1
[2] A. RAHLFS, *Septuanginta*, Deutsche Bibegesselshaft, 1979, p.1
[3] A. RENDTORF, *Introduction à l'Ancien Testament*, Paris cerf, 1989
[4] F. MICHAELI, *Le livre de Genèse*, Neuchatel, Delachaux et Niestlé, 1985, p.11.

7

la vie, l'univers, le salut et la loi. De manière particulière, Genèse parle d'un peuple, d'une race.[5]

1.1.1   l'auteur du livre de Genèse

Les cinq étuis du rouleau de la loi appelés en hébre *hrOt* (Torah) ou Pentateuque du grec πεντατευκος βιβλος (penteteuchos biblos) sont attribués à Moise comme auteur par la tradition juive. Celle-ci est considérée à la fois comme le législateur, l'intermédiaire entre Israël et Dieu, mais aussi le prophète par excellence par qui Israël a reçu cette loi de Dieu.

Avec les exégètes modernes, la question de l'auteur des livres constituants le Pentateuque en général et de la Genèse en particulier est très discutée. La conception Moise-Auteur est restée dominante et d'actualité jusqu'au XVIIIe siècle, période pendant laquelle les études sur le Pentateuque ont permis de réexaminer minutieusement cette question de l'auteur a partir des analyses de fonds et de formes diversifiées qui s'observent dans le Pentateuque.

Les analyses littéraires et théologiques ont plus tard abouti à démontrer non seulement que Moise n'en est pas l'auteur au sens moderne du terme mais aussi que la Genèse n'est pas l'œuvre d'une seule et unique main. C'est ainsi qu'est né l'hypothèse des sources qui justifie et explique mieux à notre sens les différences, l'incohérence entre les textes, le doublet et les changements brusques qui existent dans le livre.

Le caractère composite[6] du texte de Genèse apparait maintenant par la différence de style à laquelle s'ajoute celle de la diversité littéraire. L'étude de Genèse a conduit les exégètes à trouver la réponse relative à la question de l'auteur dans l'hypothèse des sources qu'ils dénombrent à quatre, à savoir la source Sacerdotale (P), la source Yahviste (J), la source Deutéronomiste (D) et la source Elohiste(E).

---

[5] J.BALCHIN et al., *La Bible à grands traits : une analyse de chaque livre*, Guebwiller (France), LLB. 1991

[6] H.E. MEDICO, *La Bible cananéenne : Découverte dans les texte de Ras Shamra*, Paris, Payot, 1950,p.130

La source sacerdotale(P) est marquée par la répétition, une certaine raideur, le gout de précision de généalogie, les prédications. Cette source est celle des prêtres. La deuxième source est celle du Yahviste (J), considérée comme la plus ancienne. Dieu y est désigné sous le nom YHWH. Cette source est marquée par le refus d'écouter Dieu et la violence. La troisième source est celle de la tradition Deutéronomiste (D) centrée sur l'enseignement, des menaces et des promesses. Les multiples prescriptions de la loi sont rattachées au commandement central de l'amour de Dieu. Et enfin, la source Elohiste (E), caractérisée par le message des prophètes comme Elie ou Osée. Elle donne aussi une grande importance au prophète.[7]

Il faut faire remarquer que ces diverses traditions sont superposées les unes aux autres et ne retrouvent à travers l'ensemble du Pentateuque. Ainsi donc, l'auteur n'est donc pas un seul à trouver dans Moise, mais plusieurs qui ont vécu dans des milieux et a des époques différentes de telle sorte que certains ne se sont pas connus et même n'étaient contemporains.

1.1.2   La date de rédaction

Apres l'épineuse question de l'auteur, vient celle de la date de rédaction du livre de Genèse. Comme nous venons de le souligner ci-haut, le contenu du livre de Genèse a été écrit à des périodes et dans des circonstances variées. Genèse 1,1-2,4a par exemple est attribuée à la source E, écrite vers 590 av. J-C. Tandis que Genèse 2,4b-3,24 qui est attribué à la source J fut rédigée vers 950 av. J-C.[8]

A ce sujet, H. Blocher[9], un éminent exégète vétérotestamentaire est d'avis qu'il existe deux traditions deux traditions de la création peu compatibles entre elles, la seconde serait la plus ancienne et se ferait par le document Yahviste (J) élaboré au 10e siècle tandis que la première viendrait du document sacerdotale (P) au temps de l'exil. La tradition élohiste est datée vers 750 (8e

---

[7] *La Bible : Traduction œcuménique*, Edition Intégrale, Paris, Cerf, 1988, p.38
[8] F. MOUNIER, *La création du monde*, Paris, Centurion, 1980, p.50.
[9] H. BLOCHER, *Révélation des origines : Les débats de la Genèse*, Lausanne, P.B.U, 1988, p.23

siècle). Les traducteurs de la TOB (traduction œcuménique de la Bible) font dater la tradition deutéronomiste au lendemain de la chute du royaume du Nord vers 722.[10] La rédaction par couches successives parait être aujourd'hui l'hypothèse la plus pertinente pour rendre compte à la fois de l'unité et de la diversité du pentateuque.[11]

1.1.3   Le destinateur du message

Le contenu du livre de Genèse ne fait pas ressortir clairement l'identité de la personne à qui le message est destiné. Pour trouver son destinataire, il s'avère indispensable de prendre l'ensemble du pentateuque en compte. Cela étant, nous sommes tentes d'affirmer que le contenu du livre de Genèse n'est destiné à personne d'autre qu'a Israël principalement en tant que peuple de Dieu avec comme objectif, l'amener à ne pas se détourner de la voie du Seigneur en oubliant sa loi[12], ses préceptes et son alliance.

Genèse représente donc le début d'un vaste ensemble qui raconte comment Dieu au milieu de son peuple se forme un peuple sur terre pour être son témoin.[13]

1.1.4   Le plan du livre de Genèse

Les exégètes vétérotestamentaires sont d'avis que le livre de Genèse comporte deux parties principales, comme nous l'avons signalé dans la partie précédente, notamment :

- Chapitres 1-11, qui traite de l'origine du monde et du peuple de Dieu
- Chapitres 12-50, qui amorcent le problème des patriarches et le début de l'histoire.[14] Cette histoire des pères est dans sa forme achevée mais aussi le fruit d'un long processus de tradition et de compétition.[15]

---

[10] *T.O.B.*, Op. cit., p.39.
[11] *Ibid*, p.42.
[12] *Deutéronome*, 11,1 ; 6,4-8.
[13] *T.O.B.*, Op.Cit., P.40
[14] E. JACOB, *Théologie de l'Ancien Testament*, Paris, Delachaux et Niestlé, 1955
[15] R. RENDRORF, *Op.cit.*, p.24.

Les onze premiers chapitres constituent une unité qui se présente en quelque sorte comme la préhistoire de l'homme. On y relate et confesse sous forme des mythes l'origine du monde qui se joue dans l'histoire de l'homme connue et vécue en Israël.[16]

La deuxième partie quant à elle, présente la vie des patriarches et se subdivise en trois cycles des récits portants sur Abraham[17], sur Isaac[18] et sur Joseph[19]. C'est sous cet aperçu général que nous présentons sommairement le plan du livre de Genèse à la suite de Musuvaho[20] de cette manière :

- Première partie (1-11)
- La création (1-2,4b)
- La rupture (2,4b-3,24)
- Fraternité difficile entre Caïn et Abel (Ch.4)
- Généalogie des patriarches (ch.5)
- Le déluge (ch.6-9)
- Le peuple de la terre (ch. 10)
- La tour de Babel (ch.11)
- Deuxième partie (12-50)
- Abraham (12,1-25,18)
- Jacob (25,19-36,43)
- Joseph (37-50)

Cette répartition en thèmes met en évidence le contenu du livre dans sa totalité. Nombre d'exégètes s'accordent que Genèse 1,1-2,4a constitue un écrit à part entière, nous l'avons déjà dit ci-haut, car a l'intérieur du verset 4 du chapitre 2, on remarque un changement théologique littéraire important. C'est pourquoi, nous souhaitons que la délimitation aille de Genèse 1,1-2,4a et que la deuxième partie soit 2,4b-3,24. Le livre de Genèse fait commencer l'histoire sainte avec la création de l'univers et montre la destinée de l'humanité par la généalogie chronologique. Elle marque aussi les étapes de

---

[16] P. GISEL, *La création*, Genève, Labor et Fides, 1980, p.35
[17] *Genèse* 12-50
[18] *Genèse* 26-36
[19] *Genèse* 37-50
[20] P. MUSUVAHO, Introduction à la théologie de l'Ancien Testament, ULPGL Goma, (inédit) 2000.

l'alliance depuis la création jusqu'à Noé, de Noé a Abraham, et permet ainsi à Israël de devenir au milieu des nations, le peuple que Dieu s'est choisi. Ce choix l'appelle à lui rendre un culte véritable.

1.1.5   Le contenu du livre

La première partie de Genèse 1-11 répond aux questions de tout genre allant jusqu'aux origines. Les trois premiers chapitres parlent de la création et de la chute de l'homme créé à l'image de Dieu. Les ch. 4-11 fournissent des renseignements historiques sur les descendants proches et lointains d'Adam et Eve (ainsi parle-t-il de l'histoire des patriarches).

G. Bardy affirme que les trois premiers chapitres de Genèse seraient des fables extraites des mythologies ou des cosmogonies des peuples anciens que l'auteur sacre aurait dépouillée de toute erreur polythéiste et accommodée à la doctrine monothéiste. Les peuples anciens aux mythologies et à la cosmologie desquelles il est fait allusion sont surtout les sumériens, les akkadiens et les mésopotamiens.[21]

R. Rendtorf affirme aussi que des nombreux textes hittites, babyloniens et assyriens documentent l'histoire du Proche Orient ancien au deuxième et premier millénaire avant Jésus-Christ pendant l'époque d'Israël[22]. Par le contact aussi important qu'influent connu par Israël au cours de sa longue histoire, sa religion a aussi connu des influences. Nombre d'exégètes sont d'avis que Genèse, surtout dans ces trois premiers chapitres, est issu des mythes des civilisations anciennes, voisines et contemporaines a Israël.

P. Ricœur, souligne que dans le mythe, comme l'attestent les littératures de l'Ancien Orient, de l'inde et de l'Extrême- Orient, se relève être un chantier d'expérimentation voire un jeu avec des hypothèses les plus variées et les plus fantastiques. Du coup, le mythe doit changer, il faut raconter les origines pour expliquer comment la tradition humaine en générale est devenue ce qu'elle

---

[21] G. BARDY, "Décision sur la commission biblique sur le caractère historique des 3 premiers chapitres de la Genèse », in *Dictionnaire de la Bible supplément*, t.III, Paris, Letouzey & Ane, 1938, col. 590-614.

[22] R. RENDTORF, *Op.Cit.*, p.15.

est pour chacun. C'est le stade de la sagesse. Le premier et le plus tenace des explications offertes par la sagesse est celle de la rétribution ; la souffrance est méritée parce qu'elle est la punition du péché individuel ou collectif connu ou inconnu.[23]

De sa part P. Gisel affirme que c'est par des mythes que l'homme raconte ses origines, son histoire et se situe dans le monde face à la mort et à l'énigme du mal et face à ses dieux. Genèse 1-11 atteste donc l'origine de tout mal qu'il fait tomber sur la tête de l'homme. Ce dernier est donc la source de son propre malheur, par cette état d'irresponsable, il ne doit accuser ni jeter le sort de son opprobre a personne d'autre que lui-même.

Le récit de Genèse présente l'homme comme un rebelle, un révolté, un méchant qui s'égare le plus souvent et à tout moment bien que le Dieu d'amour va à sa recherche et le ramène auprès de lui à chaque instant où il se perd dans la nature créée. Dieu a créé l'homme à son image et à sa ressemblance et lui a donné l'espace pour   s'organiser et se développer. La conséquence de la chute dans le péché de l'homme est de quitter la communion divine dans le paradis. Même lors du péché originel, Dieu transparaît à travers son amour vis-à-vis de l'homme. Genèse 3,21.

La vie de l'homme est donc caractérisée par la rébellion, la méchanceté, l'égarement, la révolte, bref l'homme évolue toujours dans le mal. Des exemples sont nombreux dans la Bible pour étayer ces propos, nous pouvons citer le manquement de l'homme dans le jardin d'Eden ; le meurtre d'Abel, la désobéissance du temps de Noé, Sodome et Gomorrhe, la violence à Sichem… et l'Eternel ne cesse de rappeler et interpeller l'homme qu'il a créé à son image et à sa ressemblance, qu'il aime tant et qui malgré sa rébellion ne cesse d'inviter au retour à l'ordre :

- Voici ce que dit l'Eternel à la maison d'Israël : cherches-moi et tu vivras, Amos 5,5. Ou encore, cherche le bien et non le mal afin que tu vives et alors l'Eternel Dieu Tout-Puissant sera avec toi, Amos 5,14.

---

[23] P. RICOEUR, *Le mal: un défi à la philosophie et à la théologie*, Genève, Labor et Fides, 1986

- Toi uniquement j'ai choisi de toutes les familles, de la terre, ainsi donc je te punirai de tous tes péchés. Amos 3,2

- Déchirez vos cœur et non vos vêtements, retournez à l'Eternel votre Dieu car il est gracieux, riche en compassion, lent à la colère et abondant en amour et se repend des maux et calamites qu'il vous envoie. Joël 2,13.

- Ainsi donc, maison d'Israël, je jugerais chacun de vous selon ses voies, déclare l'Eternel Dieu, Repens-toi ! tourne-toi de toutes tes offenses, alors le péché ne sera plus to point de chute. Eloignez-vous de toutes les offenses que vous avez commises et obtenez un nouveau cœur et un nouvel esprit. Pourquoi devriez-vous mourir, maison d'Israël ? car je ne prends pas plaisir dans la mort de quiconque, déclare le souverain Dieu Eternel, Repens-toi et vit. Ezéchiel 18, 30-32

- Lorsque que l'homme rejette la loi divine, Dieu aussi agit de même en le rejetant, Osée 4,6

- La mère peut-elle oublier son bébé qu'elle a allaité à son sein ? Et même si elle peut l'oublier, je ne vous oublierais pas. Regarde, je vous ai gravé dans le palme de ma main, Esaïe 49,15-16.

- Dieu est patient avec vous, et ne souhaite que personne périsse mais que chacun vienne à la repentance, 2 Pierre 3,9b.

La deuxième partie du livre de Genèse (12-50), quant à elle, évoque le problème des patriarches, ancêtres du peuple d'Israël, un peuple que Dieu choisi avant sa naissance. Dieu lui parle fréquemment et conclut l'alliance avec lui bien qu'il ait manifesté de manière régulière et répétitive son indifférence et son infidélité à l' endroit de cette alliance. Malgré cet état de rébellion éternelle déplorable d'Israël, Dieu est et demeure fidèle à Israël comme il l'a juré à son nom.[24] Dieu est le Père qui ne peut jamais abandonner ceux-là qu'il a créé à son image, qu'il aime tant malgré leur rébellion. Il ne se lasse d'aller vers lui utilisant toutes formes de stratégies pour le secourir, le sauver et revenir à lui.

---

[24] Deutéronome 7.7; 9,5; Genèse 15, 6-7

Abraham, le père des croyants dont se réclament à la fois les juifs, les chrétiens et les musulmans, est un exemple de fidélité parmi les hommes qu'il nous fallait. Abraham a de particulier qu'il a quitté ses parents, ses amis, son pays, ses bien, sa zone de confort, bref, tout ce qu'il aimait et avait de meilleurs, soi-même pour s'abandonner à Dieu.[25] Il a aveuglement obéi sans discuter ni se lamenter. C'est à Dieu uniquement que l'homme est sensé se dévouer et se dédier entièrement pour qu'il réussisse dans tout ce qu'il entreprend.[26] Dieu conclu une alliance avec lui et celle-ci ne peut aucunement être résiliée. La vie d'Abraham suppose cette alliance et découle de cette alliance.[27] C'est de cette alliance, initiée par Dieu seul que l'homme a retrouvé la vie et la vraie dignité de se rapprocher de lui.

Les récits de Genèse qui viennent après celui d'Abraham découlent directement de sa foi. Tous ceux qui sont prêts à recevoir la Parole de Dieu sont fils d'Abraham[28]. C'est ainsi qu'Abraham, Noé, Lot, Jacob et Joseph sont cités par la Bible comme héros pouvant servir d'exemple à imiter ou à suivre. Ce qu'il importe de connaitre n'est pas la vie des patriarches Abraham, Isaac, Jacob... mais la vie de fidélité qu'ils ont vécue devant Dieu et l'intervention de Dieu dans leur vie avec la perspective prophétique du peuple à venir et l'accomplissement de la promesse.

La lecture de Genèse est donc indispensable et inséparable de la connaissance générale du plan de Dieu dans toutes les écritures qui depuis la promesse faite à Abraham qui aboutit à son accomplissement en Jésus Christ, le fils d'Abraham, le Fils de David.

1.2   ETUDE DU TEXTE DE GENESE 3.17-24

Après une vue d'ensemble sur le livre de Genèse, il s'avère indispensable d'étudier maintenant le texte. Ce texte s'inscrit dans la partie contenant les

---

[25] P. MUSUVAHO, *Op.cit.*
[26] *Proverbes* 16,2
[27] *Ibid.*
[28] *Ibid.*

trois premiers chapitres qui va de la création à la sanction de l'homme par Dieu, son créateur.

Cette partie du livre est généralement divisée en deux sections. Cela a été remarque à la suite des analyses littéraires et théologiques dudit texte. La différence qu'il faut noter entre Genèse 1.1-2,4a et 2,4b-3,24 s'observe sur différents niveaux. Notons en premier, la différence qui existe pour le nom de Dieu. Dans le premier texte, (Genèse 1,1-2,4a), Dieu est désigné par le nom אלהים Elohim tandis que dans le second texte (Genèse 2,4b-3,24) il est désigné par le nom de YHWH.

Les deux récits qui parlent de la création, racontent les mêmes évènements mais de deux différentes manières[29]. Vient ensuite la manière de décrire les évènements qui est aussi différente d'un texte à l'autre. Pour le premier texte, l'homme est créé à la fois homme et femme tandis que pour le second l'homme est créé à part et la femme à part, donc les deux distinctement l'un de l'autre.

Ainsi donc, Genèse 1,1-2,4a est attribué à la tradition Elohiste (E) écrit vers 587-538 avant Jésus Christ. D'aucuns pensent qu'il a été écrit en 590[30], mais la date précise de rédaction n'est pas connu, étant donné que la date n'est pas précise. Tandis que Genèse 2,4b-3,24 est attribuée à la tradition Yahviste (J) datée vers les années 950 avant Jésus Christ. L'auteur Yahviste rappelle donc par son écrit à ses compatriotes que la vie vient du seul et unique YHWH et que s'ils courtisent d'autres dieux, ils seront punis et chassés loin de la terre promise comme Dam le fut dans le Jardin d'Eden.

Disons aussi en passant que Mounier et d'autres exégètes[31] pensent que le texte a été remanie lors de la rédaction de Genèse 1,1-2,4a qui est le plus récent.

    1.2.1   critique textuelle

---

[29] F. MICHAELI, *Le livre de Genèse*, Paris Delachaux et Niestlé, 1960, p.7
[30] F. MICHAELI, *Op.Cit*, p.7
[31] F. MOUNIER, *La création du monde*, Paris, Centurion, 1989

Nous nous proposons ici de montrer les leçons variantes existantes qui peuvent influencer d'une manière ou d'une autre la compréhension du message du texte.

Au verset 17, le Legendum suggère de lire *alv* (wela) *non pas*, à la place de *mdalv* (ule Adam) *et a Adam*. Le même manuscrit suggère ensuite de lire *findbit* (ta av^edenah) du verbe *dbi* (avad) *travailler* à la place de *finfkat* (to kalenah), du verbe *fka* (akal), *manger, gouter, consumer, détruire*.

Cette variante, comme pour le mot précédant, est aussi faiblement attesté, nous l'écartons de même. Mais si nous pouvons tenir compte de lui, nous allions rendre la partie de la manière suivante : « … par la peine tu travailleras tous les jours de ta vie ».

Au verset 24, à la place du mot *Jksyv* (wayyash^ekkin), la LXX suggère αυτον (auton), *lui-même*. Ce qui ferait traduire la partie par « … il installa lui-même les chérubins ». Cette variante n'est pas non plus à considérer car elle est aussi faiblement appuyée.

Bref, disons que toutes les leçons variantes présentes dans le texte sont très faiblement attestées et n'affectent donc en rien le sens du texte.

1.2.2   Traduction du texte

Nous proposons ici notre traduction à partir du texte massorétique :

> [17]Et il dit à Adam : "comme tu as obéi à la voix de ta femme et que tu as mangé de l'arbre que je t'avais défendu en disant que tu ne mangeras pas de lui, la terre est maudite à cause de toi, par la peine tu mangeras tous les jours de ta vie". [18] elle fera germer pour toi, les épines et les ronces et tu mangeras l'herbe des champs. [19]Par la sueur de ton front tu mangeras le pain jusqu'à ce que tu retournes a la poussière car d'elle tu as été pris, certes tu es poussière et tu retourneras a la poussiere.[20]l'homme appela sa femme Eve parce qu'elle est la mère de tout vivant. [21]Le Seigneur Dieu fit pour l'homme et la femme des tuniques de peau et il les a vêtus. [22] le Seigneur Dieu dit : voici que l'homme est devenu comme l'un de nous pour la connaissance du bien et du mal et maintenant de peur qu'il ne prenne aussi de l'arbre de vie et mange et qu'il ne vive éternellement. [23] Le Seigneur Dieu le renvoya du Jardin d'Eden pour travailler la terre

ou il avait été pris. 24 Il chassa l'homme et il installa les chérubins à l'Est du jardin d'Eden avec la flamme d'une épée foudroyante pour garder le chemin de l'arbre de vie.

Le rédacteur Yahviste[32] met en exergue dans un genre littéraire traditionnel l'homme et la terre. L'auteur ne s'empêche pas de recourir aux contes de la tradition orale par laquelle Israël transmettait son enseignement, ses conseils, son éducation a sa descendance.

Faisons remarquer l'influence de la théologie des peuples et nations voisines d'Israël de qui il a tiré les éléments de ses mythes. C'est ainsi qu'on trouve dans les trois premiers chapitres un style sans égale, riche en image, en symboles et en représentations comme nous les font remarquer les termes : jardin ou paradis, l'arbre de la connaissance du bien et du mal, la mort, l'arbre de vie, les chérubins. Chacun de ces mots revêt une importance et une signification particulière de choix pour l'auteur comme un artiste avéré et averti. Le Yahviste prend clairement soin de son récit de la création dans un style décoration plein d'images, de symboles et des codes dont il nous importe de chercher à découvrir le sens profond.il est donc à croire que le texte de Genèse 3.17-24 a beaucoup à nous apprendre et qu'il est indiqué de l'étudier à fond.

Nous avons déjà dit ci-haut que l'auteur n'a pas créé le récit sous influence, mais qu'il a reçu l'essentiel de son message des peuples voisins qu'il a modifié, orienté, adapté au monothéisme. Voici ce que dit E. Jacob à ce sujet, en ces termes :

> *Il (le Yahviste) excelle dans le souci d'être complet et l'art de saisir la ligne de force dans le détail voulait donner une histoire universelle. Il retrace la période qui va de la création jusqu'à la constitution de l'humanité en peuples. A cet effet, il s'inspire longuement des traditions suméro-accadiennes en particulier par la création et le déluge : mais alors qu'en Mésopotamie, les traditions mythiques étaient destinées à servir de support au déroulement normal de la vie culturelle, le Yahviste les insère dans une perspective historique que ses successeurs ont précisées au moyen des données christologiques.[33]*

---

[32] E. JACOB, *L'Ancien Testament*, ("Que sais-je "), 5ᵉ éd., Paris, P.U.F., 1988, p.32
[33] E. JACOB, *op.cit.* pp. 33-34

1.2.3   Question d'auteur du texte

Pour ce qui concerne notre péricope qui se trouve dans la partie allant de Genèse 2,4b-3,24, la tradition est Yahviste, reconnue comme telle a l'issue de l'utilisation du nom "YHWH" pour Dieu. Il a un vocabulaire à la fois riche et évocateur et aime utiliser des expressions concrètes, recourt aux étymologies populaires qui gravent dans l'esprit du lecteur la portée d'un acte ou d'un terme géographique.

H.Cazelles[34] affirme que le Yahviste est un psychologue que le fond du cœur humain intéresse, dans ses faiblesses comme dans ses aspirations. Le Yahviste est habité par un anthropomorphisme le plus hardi. YHWH est très proche de l'homme, lui parle et prend même un repas avec lui. Comme la critique l'admet de plus en plus, l'époque de Salomon est vraisemblablement celle qui convient mieux à la rédaction du Yahviste. Il est certainement un auteur du Sud car il utilise des traditions anciennes constituées autour du sanctuaire du Sud : Hébron, Barsabée, Cades voir Jérusalem. D'après lui, c'est Salomon qui construit le temple à l'époque ou le sanctuaire et ses fêtes assurent le plus le rayonnement au Dieu national.

H CAZELLES reconnait probablement l'autorité de rédaction à Sadoq ou son Fils Ahimaç et écarte Abiathar qui lui semble avoir été expulse à Anatot dès le début du règne de Salomon.[35]

De notre part, contrairement à l'hypothèse émise par Cazelles allant jusqu'à préciser le nom de l'auteur, pour nous il est difficile voire impossible d'identifier le genre de personne qui serait à l'origine de la source Yahviste Israël comme rédacteur en chef pour deux grandes raisons :

- Aucun indice biblique ne nous donne des recettes précises sur l'identité du Yahviste.

---

[34] H. CAZELLES, *Introduction critique à l'Ancien Testament*, Paris, Desclé, 1973. P.193.
[35] Ibidem, p. 206

- Le Yahviste n'est pas à comprendre comme une personne physiquement identifiable mais plutôt comme un ensemble d'homme, une école théologique ou une tradition véhiculant les mêmes idées, la même théologie et ayant la même réflexion sur un thème donné ou ayant presque la même réflexion.

Toutefois, la seule indication à notre portée sur l'identité de l'auteur nous provient de la TOB, qui selon elle, la domination promise pour toujours à Juda sur ses frères mentionnée en Genèse 49,10 et 37,26 pourrait indiquer que l'origine de la tradition Yahviste est à chercher en Juda dans le milieu proche de la tradition davidique.[36]

La Traduction Œcuménique de la Bible précise seulement que la narration J a conservé le pittoresque et la variété des traditions orales liées au sanctuaire et aux folklores du clan. Cette narration Yahviste se caractérise par son style concret coloré, image presque naïf, c'est celui d'un conteur d'histoire, il n'hésite pas de parler de Dieu en un terme expressif comme d'homme.[37] Cette tradition s'assigne le devoir de donner les explications aux problèmes de l'homme : d'où vient l'homme, pourquoi travaille-t-il, quelle sont ses relations avec le monde animal et végétal, pourquoi l'homme et la femme sont-ils attirées l'un vers l'autre ? Le Yahviste est plus qu'un collectionneur des traditions[38]. Notons seulement que la rédaction du document Yahviste peut avoir connu plusieurs phases de la rédaction orale au(x) document(s) écrit(s).

1.2.4   De la délimitation du texte

Il nous importe ici de proposer une délimitation du texte de Genèse 3,17-24. Cette péricope appartient à un ensemble littéraire qui débute au ch.3 ou il est question du dialogue entre la femme et le serpent. Nous verrons que genèse 3,17-24 pour la simple raison que c'est au seul homme-Adam a qui Dieu a

---

[36] TOB *Op.Cit*, pp.40-41
[37] *Genèse* 3,8 ; 7,16 ; 18,2.
[38] KITTEL., cite par H.Cazelles, *Op.cit.*, p.193

interdit formellement de manger de l'arbre de la connaissance du bien et du mal[39] au risque de mourir et c'est donc pour lui seul que sera prononce la sentence de la mort comme peine capitale. Ici le texte souligne la condamnation à mort comme une conséquence logique découlant de sa désobéissance comme un juge qui prononce un jugement final à la fin du procès, un jugement juste rendu à l'homme pécheur sans plaidoirie, sans excuse ni demande de pardon.

Le chapitre 3 de Genèse introduit la notion du péché en mettant quatre individus en scène, notamment, le serpent, la femme, l'homme et Dieu. Chacun des individus intervient dans un récit particulier. L'auteur passe donc de la présentation du serpent au péché de la femme, de la femme à l'homme jusqu'à la sanction.

Le chapitre 3 de Genèse est une séquence narrative composée de plusieurs micro récits[40], à savoir, 3,1-13 ; 3,14-15 ; 3,16 et enfin 3,17-24. Nous pouvons à juste titre affirmer que ces micros récits sont articules l'un à l'autre par un thème commun : "la chute " et qu'ils sont lies par la présence d'un personnage principal "Dieu". Seule la dernière partie de la séquence narrative a attiré notre attention particulière. Le verset 17 constitue la frontière du micro récit du jugement de l'homme (Adam), introduit par un (waw) narratif et qui atteste qu'il s'agit d'une succession d'évènements. Il convient de faire remarquer que notre récit est encadré par deux expressions fondamentales : "et il dit à l'homme..." (v.17) et "il chassa l'homme" (v.24).

Apres la création l'homme est place dans des merveilleuses conditions : une vie paisible où il éprouve une joie et un bonheur suprême comparable à la vie céleste[41]. Selon l'auteur, cette relation pourrait être durable à la seule condition que l'homme observe la Loi a la rigueur. Pareille situation éloignerait l'homme de la présence de Dieu et des conditions divines dans lesquelles il vivait. Selon le texte, l'homme malgré l'avertissement de genèse 2,15-17 n'a pas résister à tomber devant la tentation

---

[39] Genèse 2,15-27
[40] D. MARGUERAT& Y.BOURQUIN, *Pour lire les récits bibliques*, Paris, Cerf, 1998, p.47.
[41] Genèse 2,15-17

1.2.5   Du contexte historique

La majorité des exégètes avons-nous repris ci-haut situent le récit Yahviste aux environs de 950[42] av. JC, pendant la période du règne du roi Salomon. C'est l'époque pendant laquelle les douze tribus d'Israël finissent à s'unir autour d'un seul roi. A cette époque, il était difficile au petit royaume d'Israël de maintenir sa foi en un seul Dieu étant donne le fait que tous ses voisins croyaient en plusieurs dieux.

E. Charpentier[43] soutient qu'ici l'auteur essaie de répondre aux grandes questions existentielles en rapport avec la vie, la mort, l'amour, les origines du monde ; il le fait à partir de la foi en Dieu tout en se référant aux mythes anciens. Le but de l'auteur était de raconter les origines du peuple de Dieu ; mais dans quelques chapitres préliminaires, il montre que c'est pour lui le moment d'enseigner les grandes religieuses sur Dieu, les origines du monde et de l'humanité, sur le mal et le péché.[44]

En effet, l'auteur prend soin de montrer qu'au sein des catastrophes que l'humanité provoque par son orgueil, la sollicitude divine ne cesse de se manifester. De manière générale, la tradition Yahviste qui est reprise ici aurait pour intention de rappeler à l'état davidique que s'il est devenu une nation innombrable, c'est à la faveur d'une promesse divine dont il doit maintenant être porteur au bénéfice des autres peuples de la terre.

Les intentions de l'auteur ne sont pas théologiques. Il utilise plutôt la théologie de la grâce divine et diverses traditions populaires pour le mettre au service d'une cause politique populaire, légitimer et renforcer le pouvoir contesté de Salomon.

---

[42] G. von RAD, *La Genèse*, Genève, Labor et Fides, 1949
[43] E.CHARPENTIER, *Pour lire l'Ancien Testament*, Paris Cerf, 1986, p.36
[44] J. CHAINE, *Le livre de la Genèse*, Paris, Cerf, 1948, p.36

1.2.6   De la structure du texte

Il importe de proposer une structure en rapport avec le contenu du message que véhicule le texte. Un nombre important d'exégètes est unanime pour affirmer que la partie allant du v. 17 au v.19 renferme une pensée commune sur le verdict et la malédiction du sol(A), tandis que le verset 20 parle d'Adam qui donne un nom à sa femme. Ce verset constitue une idée à part(B) et le v.21 décrit Dieu fabriquant un habillement de l'homme à partir de la peau d'un animal. Ce verset décrit en quelque sorte la compassion que dieu manifeste à l'endroit de l'homme mieux du couple Adam malheureux déjà victime de la malédiction qui fait son entrée et s'annonce immédiatement sans plus tarder à travers et par la nudité (C). Vient ensuite le verset 22 qui montre l'état de l'homme devenu comme Dieu et courant le risque de vivre éternellement (B'). Le parallélisme existant entre les 20 et 22 réside dans le fait qu'ils parlent tous deux de la vie. C'est ainsi qu'on trouve au verset 20 ce qui suit : L'homme appela sa femme Eve, c'est-à-dire la vivante. C'est elle qui est la mère de tout vivant. Au verset 22, il est encore question de la vie que l'auteur présente en ces termes : " ... maintenant qu'ils ne tendent pas la main pour prendre de l'arbre de vie et manger et vivre à jamais ". Les deux versets sont des sens opposés parce que le premier évoque la vie dans le sens positif tandis que le second le décrit dans le sens contraire (donc négatif).

Aux versets 23-24[45] l'homme est expulsé du jardin et désormais ne peut plus y revenir (A'). Le parallélisme entre les versets 17-18 et les versets 23-24, il est à noter que le premier groupe parle de la malédiction du sol et de la mort, tandis que le couplet 23-24 parle du sol sous forme de jardin (jardin d'Eden), avec des qualités sous entendues telle la fertilité bénédiction bref cela souligne la présence de la vie. Malheureusement l'homme se fait chasse définitivement du jardin par sa maladresse et charlatanesque.

C'est cette partition qui nous aide à établir le Chiasme suivant :

A : verdict à Adam, (17-19)

---

[45] Cette version est surtout soutenue par la version anglaise: Matthiew Henry's commentary, v.1, Genesis to Deuteronomy, London/Edinburg [s.d] ; commentary critical experimental and practical on the Old and New Testament, t.1: Genesis-Deuteronomy, Michigan, W.M.B. Eerdmans Publishing co. 1945.

B : Eve la mère des vivants, (20)

C : Dieu habille l'homme nu, (21)

B' : l'homme devient comme l'un de nous (22)

A' : expulsion du jardin (23-24)

A (17-19) semble oppose à A' (23-24) par le fait que A décrit l'homme en dialogue avec Dieu dans le jardin, tandis que A' souligne l'expulsion de l'homme du jardin, cela fait de A l'opposé de A'. Le Dialogue entre Dieu et l'homme est l'élément sur lequel nous nous sommes basés pour établir le parallélisme dans cette péricope. En effet, en dépit de la transgression, Dieu continue de parler à l'homme. Pour A' (22-24), l'homme est expulse du jardin loin de la présence de Dieu, d'où la relation est rompu et le dialogue tu.

B montre qu'Eve reçoit un nom qui fait d'elle la mère de tous les vivants, littéralement des vies ou encore des êtres vivants, c'est-à-dire une vie éternelle. Ce nom exprime un espoir de retour à la vie malgré le défi, une source de vie malgré la mort qui doit désormais frapper l'humanité, tandis que B' renferme la notion d'une vie autre que celle de vivants, une vie éternelle. Le verset 22 décrit une vie qui s'obtient par la possibilité de manger un arbre du jardin dont la conséquence serait de vivre éternellement.

C (21) est le centre du chiasme d'autant qu'il est la partie la plus intéressante qui marque la sollicitude divers envers les êtres coupables. Le fait de couvrir la honte du premier couple, Dieu manifeste son amour, sa compassion, sa bonté, sa grâce et sa miséricorde envers l'homme.

1.2.7   Du contexte littéraire

Dans ce récit caractérise par la faute et le châtiment, le Yahviste a l'intention de présenter le péché de l'homme sous ses divers aspects pour montrer en même temps la gravité du danger et les conséquences que la faute consommée fait courir. Le Yahviste discerne ici les possibilités fondamentales, les possibilités d'une faute individuelle et d'une faute collective : La désobéissance de l'individu envers son créateur constitue une menace contre sa proximité, son monde ambiant et son entourage. La possibilité d'un péché collectif s'y ajoute dans lequel l'homme franchit les limites pour tenter d'arriver au surhumain.

A ce propos, C. Westermann[46] pense qu'en montrant le péché dans l'abondance de ses possibilités, le Yahviste veut évoquer en même temps la multiplicité des dangers qui menacent la nature et l'être humain.

1.3   SOMMAIRE

Ce chapitre premier qui récapitule et revoit les notions générales sur le livre de Genèse nous aide à replacer les évènements bibliques qu'il dépeint dans le temps et dans l'espace en vue de cerner et éclairer les difficultés que se pose le lecteur et les questions qui surgissent de première vue de la lecture du livre de Genèse.

Diverses ont déjà été des opinions sur la question de l'auteur, mais celle de sources a retenu notre attention et notre point de vue étant donnée qu'elle explique mieux les différences et les incohérences entre les textes, les doublets, le changement brusque de style qui existe dans le livre. Le destinataire premier du message c'est Israël.

Les études précédentes ont trouvé deux grandes parties dans le livre : le premier (Genèse 1-11), qui traite la question vitale de l'origine de l'univers, tandis que la deuxième (12-50) traite sur les patriarches et le début du peuple d'Israël. Ces deux grandes parties sont chacune subdivises en thèmes et sous-thèmes.

 Le principal but qui a semble-t-il inspiré l'auteur est qu'il interpelle tout le monde par le récit. Il s'adresse à l'univers créé en général, pour qu'en fin tous y trouvent leur part sans que personne ne se sente concerné en personne privée ou se valoir à clamer l'innocence ou d'en constituer l'exception. Le texte de Genèse 3,17-24 qui commence en 2,4b est attribué au rédacteur

---

[46] C. WESTERMANN, *Théologie de l'Ancien Testament*, Genève, Labor et Fides, 1985, p.151.

Yahviste reconnu comme tel surtout par son style, son anthropomorphisme et l'utilisation du nom YHWH pour designer Dieu. La plupart d'exégètes s'accordent que le Yahviste a rédigé son récit pendant le règne de Salomon probablement vers 950 av. JC.

Nous avons porté un choix particulier sur Genèse 3,17-24, uniquement parce que c'est la partie la plus intéressante du livre étant donné que c'est elle qui clôt les trois récits adressés respectivement au serpent, à la femme et en dernier lieu à l'homme. Aussi soulignons que c'est à l'homme qu'a été adressé la défense formelle de manger de l'arbre de la connaissance du bien et du mal, c'est aussi l'unique des trois coupables à qui la peine de mort est prononcée et infligée.

Au centre de ce message de Genèse 3,17-24 se trouve Dieu et l'homme. L'œuvre Yahviste est essentiellement une histoire du salut. Le Yahviste s'exprime dans un langage humain, accessible à ses contemporain bien que codé pour élucider le mystère de Dieu et ses actions sur la vie humaine. Pour comprendre son texte, il faut se placer au point de vue de son époque et se rendre compte des problèmes religieux de son temps.

CHAPITRE DEUXIEME

LE JUGEMENT DE DIEU DANS GENESE 3,17-24

Après avoir passé en revue le livre de Genèse dans le chapitre précédant, nous allons ici parler du jugement de Dieu. Ici, il sera question de trouver le sens des images utilisées dans le texte par l'auteur Yahviste. A cet effet, nous allons tenter de comprendre certaines expressions clés telles que: écouter la voix, manger de l'arbre, la malédiction du sol, manger par la sueur après un très grand pénible labeur, les épines, les chardons, l'herbe de champs, la poussière, la mort, vivre à jamais, les chérubins, l'épée foudroyante et à la fin du chapitre une conclusion partielle interviendra pour clore la partie.

2.1 ECOUTER LA VOIX

L'un des problèmes qui sont à la base de la sanction de l'homme, c'est qu'il n'a pas écouté la voix de Dieu mais qu'il a au contraire préfère suivre la voix de sa femme. Le verbe hébreu *שמע* Shama' a utilisé ici le sens de " entendre, apprendre, exaucer et obéir au sens large"[47]

Le verbe écouter est repris 627 fois dans la Bible, soit 537 fois dans l'Ancien Testament contre 90 fois seulement dans le Nouveau Testament. La fréquence de ce verbe dans la Bible explique l'attention que les auteurs biblique y attachent.

Le sujet du verbe *שמע* (Shama') peut être Israël, un homme ou Dieu. L'expression *שמע ישראל* (shama' Isrᵃel) rendu par "écoute Israël" est la première formule de la confession de foi traditionnelle[48] d'Israël ; aujourd'hui encore elle constitue l'un des éléments principaux de la prière juive.[49] Dans cette partie du texte, le verbe écouter constitue l'épicentre de notre péricope.

---

[47] N.P. SANDER & I. TRENEL., *Dictionnaire hébreu - français*, Genève, Slatkine Reprints, 1991, p.759-760

[48] *Deutéronome* 6,1ss

[49] B. GALLIERON, *Dictionnaire Biblique*, Paris, Ed. du Moulin, 1990, p.59

L'utilisation du verbe שָׁמַע (shama') sous ses différentes formes ou son équivalent grec revient 627 fois dans la Bible dont 537 fois pour l'Ancien Testament contre 90 fois uniquement pour le Nouveau Testament avons-nous indiqué ci-haut. La fréquence de cette expression souligne l'importance et l'emphase attachée à l'organe de l'ouïe qui doit marcher de pair avec la parole. Ecouter se garder pour soi et mettre en application ce qu'on a entendu. Ce qui attire plus l'attention de l'auteur de Genèse, c'est que lorsqu'il y a émission de la voix et de la parole, il faut nécessairement en réponse une action positive qui l'accueille. En d'autres termes, l'écoute se traduit par l'obéissance et par la mise en application stricte de du message entendu. Suivre strictement les instructions sans se détourner sans virer ni à gauche ni à droite[50] ; sans ajout ni remise. La parole entendue doit être scrupuleusement obéi à la lettre. Pour être et demeurer en communion avec Dieu, l'homme est appelé à marcher droit dans la fidélité selon la parole entendu de la bouche de Dieu afin de lui rendre un culte authentique sans faille. Dieu est disponible, il se laisse trouver par toute personne qui le cherche de tout cœur et de toute son âme.[51]

Cette parole n'est pas éloignée de l'homme car elle est à retrouver au fond de son cœur. Elle est à la fois source de toute bénédiction, de vie, de prospérité pour ceux qui obéissent d'une part, mais peut bien aussi être source de tous les maux : mort, souffrance, malédiction, destruction pour ceux qui se rebelle et désobéissent d'autre part.

L'homme est commandé d'aimer l'Eternel son Dieu, marcher scrupuleusement dans ses voies sans relâches ni contours en gardant ses commandements, lois, prescrits, préceptes et décrets pour vivre, croitre en nombre et prospérer en guise de bénédiction divine.[52] Il est de son devoir suprême de se rappeler instantanément qu'il n'y a que l'Eternel qui est Dieu et son nom c'est YHWH. Il saura prendre soin de différencier Dieu-YHWH des dieux-idoles qui ne sont rien d'autre que des sculptures faits de mains des hommes. C'est Dieu

---

[50] *Josué* 23,6; *Deutéronome* 5,12.
[51] *Deutéronome* 4,29.
[52] *Deutéronome* 30,11-16

exclusivement qu'il faut célébrer et rendre un culte sincère et digne de foi. Car il est celui qui a créé l'homme et celui-ci lui appartient pleinement, il est la brebis de son pâturage.[53]

L'homme doit faire le choix judicieux et réfléchi entre la vie et la mort, entre la bénédiction et la malédiction. Mais bien qu'il revienne à l'homme de faire le choix de toute honnêteté et indépendance, Dieu n'a qu'à lui faire une suggestion (pareille à un en conseil d'un parent à son enfant bien aimé) de faire le bon choix pour vivre, le choix qui augure la bonne relation avec lui, le choix qui lui plait, c'est-à-dire, en d'autres termes, Dieu par amour et compassion conseille à l'homme de choisir la vie et vivre. Car toutes les options contraires mènent inconditionnellement à la mort. Vivre ne peut donc être possible que si et seulement si l'homme adhère entièrement et pleinement et fait sienne la logique d'aimer Dieu profondément, de l'écouter et de dépendre uniquement, exclusivement et strictement de lui. Car Dieu est la vie de l'homme, il est le garant de la vie humaine, loin et en dehors de qui il n'y a que la mort[54]

Rappelons que dans le texte, le mot écouter se rapporte à Israël. Dans le cas où il n'écouterait ni n'obéirait pas à la voix de Dieu, il s'attirera des conséquences fâcheuses, le malheur frappera à sa porte sans délai et rien ne pourra l'arrêter ni l'entraver comme résultante par ce même acte de désobéissance et d'insoumission à YHWH[55]. Le peuple d'Israël devait normalement, selon le dessein de Dieu obéir, écouter la parole de Dieu et la mettre en pratique sans résistance ni spéculation. L'homme n'a pas obéi à la voix de Dieu, mais il a choisi d'obéir à la voix de sa femme plutôt qu'à celle de son créateur Dieu. Il a ainsi transgressé la loi qui était établi dès le départ à la création, afin de coordonner et gérer les relations qui existaient entre Dieu et l'homme dans le jardin. La culpabilité de l'homme réside dans le fait que l'homme a violé les clauses de cette loi du jardin. Etant donné qu'écouter signifie à la fois prêter une oreille attentive, et observer et mettre en pratique la

---

[53] *Psaumes* 100, *Deutéronome* 11, 1-5
[54] *Deutéronome* 30,19-20
[55] *Lévitique* 26, 14,; 18,26; 21,27

parole reçue ; faire le contraire d'écouter est synonyme de révolte, et se trouve souvent sous des expressions variées, en l'occurrence : faire sourde oreille, raidir la nuque, se rebeller, se révolter, qui se traduit aussi par « être infidèle »... Ne pas écouter la parole de Dieu signifie au même moment rejeter l'auteur du message qui est Dieu lui-même sachant que Dieu est inséparable de sa parole comme les deux faces d'une même monnaie.

Par le fait de ne pas écouter Dieu l'homme opte pour rendre un culte digne à quelqu'un d'autre qu'à Dieu, du nom de sa femme sur influence du serpent. Et pourtant, dans la tradition juive, la femme est considérée comme un être inferieur par rapport à l'homme. Faire le choix entre le Dieu Tout puissant, son créateur et pourvoyeur et la femme un être vulnérable, créé pour le service de l'homme et sous la gestion et la supervision de celui-ci parait embarrassant et un peu truqué pour Adam qui finira par succomber en basculant du mauvais côté par le choix d'obéir à la voix d'Eve sa femme, qui devient ainsi une autre divinité pour lui. La loi de Dieu semble ici remplacée par celle de la femme édictée par le serpent. L'homme remplace la force vitale de Dieu par la faiblesse mortifère de sa femme.

Dans l'Ancien Testament, Dieu est une force dont l'homme dépend. On le représente par la nature ou par un arbre vigoureux ou encore par Elohim, les forces de puissances présentes dans la foudre[56], dans une grande ville[57] dans un grand homme[58] qui accomplit des prodiges[59].

Quant à la femme *ḥwa* (ishshah : femme), il est vrai que la terminologie hébraïque[60] distingue *wya* pour désigner un homme, un époux, un mari, un male de *ḥwa* la femelle, l'épouse ou femme[61]. Il est à faire remarquer que (femme) vient de l'origine *wya* (ish : homme) attesté par la Bible est exprimé sous forme de relation d'appartenance, de provenance de dépendance et de complémentarité. Les deux termes laissent croire qu'ils sont lies l'un a l'autre

---

[56] *2 Rois 1,12*

[57] *Genèse 35,5*

[58] *Deutéronome 4,45; Esaïe 11,6*

[59] *Exode 7,1*

[60] *H.W.WOLF, Anthropologie de l'Ancien Testament, Genève, Labor et Fides, 1974, p.50*

[61] *Exode 18,2, Lévitique 20, 10, Genèse 19,16.*

et ne peuvent être compris ni avoir de sens dans la séparation. Le mot *ħwa* (ishshah) insiste sur le lien de parenté étroit qui existe entre les deux et exprime leur possession de l'identique essence[62].

Pour clore cette partie, il est indispensable ici de montrer notre vue d'ensemble sur ce point relatif à l'écoute de la voix de la femme. Le choix du matériel utilise par l'auteur pour construire son texte n'a pas été un simple hasard. A notre sens, estimons que l'auteur souligne le penchant de l'homme le plus souvent vers la fragilité, la faiblesse, déficience, impuissance en lieu et place de force, de vigueur d'endurance, dynamisme, dureté, de puissance. C'est donc cette fragilité qui est désignée ici par l'expression *;twa ʃkʃ timw yk* (khi shoma^etta teqol ishthekha) comme tu as entendu la voix de ta femme.

Ecouter une voix autre que celle qui, unique parlait à l'homme dans le jardin et qui était destinée à celui-ci signifie résilier le contrat avec le Dieu jaloux[63] qui n'accepte pas d'être substituer ou concurrence par personne d'autre et d'aucune manière que ce soit. La révélation de Dieu est essentiellement Parole de Dieu à l'homme. La foi nait de l'audition[64]. L'homme doit écouter et obéir à la Parole de Dieu. Il ne doit pas seulement prêter une attention particulière à ce qui lui est rapporté mais doit tout de même et à tout prix mettre en pratique ce qui lui a été dit, textuellement comme il l'a entendu de la bouche de Dieu, droitement, sans virer ni à gauche, ni à droite.[65] La Bible reconnait comme béni, l'homme qui fait entièrement confiance en l'Eternel[66], qui trouve son repos et son refuge en Dieu seul et de qui il dépend totalement.[67] C'est-à-dire ne se tourne pas vers des idoles pour leur attribuer la place exclusive de YHWH[68]

Le sens hébraïque du terme *imw* (shama') écouter, accueillir la Parole de Dieu signifie aussi ouvrir son cœur et mettre en pratique ce que l'on a entendu dans l'obéissance. Dans ce passage, Adam est condamne par Dieu pour

---

[62] H.BLOCHER, *Op.Cit.*, p.92
[63] *Exode* 20,4-6
[64] *Romains* 10,7
[65] *Deutéronome* 8,11 ; 5,12-13
[66] *Psaumes* 84,12
[67] *Psaumes* 62,5-6
[68] *Psaumes* 40,4.

deux raisons : la première est qu'il a entendu la voix de sa femme *Otwa* (ishtho). La deuxième est qu'il a mangé de l'arbre.

Apres avoir parlé ci-haut de l'écoute et de l'obéissance à une voix autre que celle de Dieu, il s'avère important de pouvoir maintenant parler du deuxième élément de la désobéissance de l'homme dans sa relation avec Dieu.

2.2 MANGER DE L'ARBRE

Pour F. Mounier, tous les arbres du jardin représentent les richesses de la terre mises à la disposition de l'homme. L'arbre de vie représente la communication incessante de la vie donnée à l'homme.

Roland de Pury, pense pour sa part que les arbres du jardin marquent le rapport entre Dieu et l'homme et toute relation entre l'homme et son créateur.[69] Amsler[70] quant à lui croit que l'arbre du bien et du mal sert à concrétiser une limite à liberté de l'homme. Selon cet auteur, la connaissance du bien et du mal signifie que Dieu donne à l'homme le monde pour qu'il le cultive, les animaux pour qu'il les nomme c'est-à-dire la science pour qu'il l'a créé.[71]

Certains auteurs sont allé plus loin jusqu'à suggérer que le fruit aphrodisiaque était défendu pour éviter une union charnelle prématurée[72]. D'autre traduisent le mot "connaitre" par faire des rapports sexuels.[73] Nous nous écartons de ces interprétations que nous jugeons erronées car ne cadrant pas avec le texte de notre étude. Ici, rien n'indique qu'il s'agit ni de fruit aphrodisiaque ni de rapport sexuel. Le texte n'indique rien qui peut nous orienter à abonder dans un sens érotique.

Le verbe manger est très fréquemment d'usure dans la Bible. Il y est mentionné approximativement 769 fois. On le retrouve à peu près 609 fois dans l'Ancien Testament contre 160 fois dans le Nouveau Testament. Il y a lieu que l'on

---

[69] R. de Pury, *Présence de l'éternité*, Delachaux et Niestlé, 1943
[70] S.AMSLER, *Le secret de nos origines : Etrange actualité de Genèse 1-11*, Aubonne, Ed. du Moulin, 1997, p.43.
[71] E. CHARPENTIER, *Op.cit.*, p.40
[72] H.BLOCHER, *Op.Cit.*, p.92
[73] *ibid*

comprenne ce qui justifie l'intérêt que les auteurs attachent à ce verbe. Le verbe manger a plusieurs sens dans la Bible. Il peut signifier : prendre un repas, gouter, lire ou écouter, dépenser abusivement, détruire, exterminer, assimiler ou faire sien, se dévorer mutuellement ...

Manger est le signe du bonheur, de la bénédiction, de la joie, de la richesse[74]. L'absence de la nourriture est au contraire un signe de malheur et de malédiction[75]. L'arbre dont il est question au verset 17 est appelle *ʿGH ʿi* (ets hagan) qu'on traduit en français par *arbre du jardin* et n'a ici pas de nom propre ou approprié.

Le mot hébreu *ʿi* est un des substantifs qu'on rencontre souvent dans l'Ancien Testament. Il y porte le sens de bois et dans certains passages celui de l'arbre. Selon la concordance de la Bible de Jérusalem, ce mot est repris 151 fois dans l'Ancien Testament et 29 fois dans le Nouveau Testament.

La Bible connait des nombreuses espèces d'arbres : acacia,[76] amandier[77], chêne[78], figuier[79]grenadier[80], olivier[81], palmier[82], platane[83], pommier, saule[84], sycomore[85]... l'arbre a souvent une valeur symbolique en relation avec la vie. Parfois il est associé à l'eau, il est l'image de la vitalité, de la réussite[86] ; symbole de mort et de malédiction quand il se sert de potence[87]. S'agissant de Genèse 3,17-24, soulignons un point important qui concerne l'identification de l'arbre parmi les arbres fruitiers déjà citées et rencontrés en Palestine d'autant plus qu'ils sont connus de leurs noms. Ce qui est surprenant pour chacun et pour nous est que l'auteur n'a pas citer ou identifier l'arbre par son nom. Il ne fait allusion à aucun des arbres cités ci-haut. Ce silence attire l'attention de

---

[74] *Exode 16, 3,8; Lévitique 25,19; 26,5; Deutéronome 12,20ss*
[75] *Exode 16,1ss; Deutéronome 32,24*
[76] *Exode 37,25, Esaïe 41, 19*
[77] *Genèse 20, 37; Ecclésiaste 12,7; Jérémie 1,11*
[78] *Ezéchiel 31,14; Genèse 13,18*
[79] *Nombre 20,5; Matthieu 24,32; Marc 11,13*
[80] *Deutéronome 8,8*
[81] *Exode 23,11; Matthieu 21,1; Romains 11;17-24*
[82] *Deutéronome 34,3; Joël 1,12; Jean 12,13*
[83] *Genèse 30,37; Ezéchiel 31,8*
[84] *Cantique des cantiques 2,3; 8,5; Joël 1,12*
[85] *Amos 7,14; Luc 17,6; 19,4*
[86] *Psaumes 1,3*
[87] P.GALLIERON, "arbre" in *Dictionnaire biblique*, Aubonne (Suisse) Ed. du moulin, 1990, p.23

tout lecteur à la fois avisé et averti. Ce qui nous aide et nous oriente dans la compréhension que c'est du génie de l'auteur pour éviter tout dérapage et abus de la part de son destinataire, et ainsi mettre de côté toute tentative de diaboliser tel fruit ou adorer tel autre pour avoir été accrédité reconnu comme tel dans son récit.

Aussi, mentionnons que dans ce texte il n'est nulle part fait allusion à un quelconque fruit, il ne s'agit donc pas d'un fruit de l'arbre que l'hébreu désigne souvent par *yrP* peri mais il s'agit uniquement ici de manger de l'arbre et non pas manger du fruit de l'arbre. Il y a une grande nuance entre manger du fruit de l'arbre et manger de l'arbre du jardin. Ainsi donc, l'homme-Adam a mangé de l'arbre du jardin *hGH* /i ets hagan. Ceci nous fait comprendre la séquence de diverses manières : manger de l'arbre peut donc signifier soit, manger les fruits, les racines, les feuilles, les tubercules, les écorces... ainsi donc, ni la partie de l'arbre que l'homme a mangé n'est pas mentionné avec précision et même s'il était question d'un fruit, ne serait-il pas clair et opportun de l'identifier par l'auteur pour lever l'équivoque, le suspense et l'ambigüité. L'arbre dont il est question au verset 17 désigné sous   la forme *ihgnm* (min ha ets) *de l'arbre* est présenté d'une manière imprécise à tel point qu'il est difficile de l'identifier. Mais le verbe   *;ytyv/ que je t'avais interdit* explique qu'il est question d'un arbre déjà interdit auparavant. Ce qui nous renvoie à l'arbre de Genèse 2 verset 17.

Parlant de l'arbre certains exégètes voient dans l'image une représentation d'un culte aux arbres, car selon eux, il est possible qu'Israël ait célébré le culte aux arbres comme ses voisins cananéens, hittites, et Egyptiens (voir Esaïe 1,29 ; 17,10 ; 57,3 ; 65,3 ; Osée 4,13). Nous pensons par contre à notre humble avis que le texte ne veut pas abonder dans ce sens car rien ne nous y indique u culte aux arbres. La désobéissance est exprimée dans le texte par les verbes écouter et manger. Les conséquences de cette désobéissance conduit à la malédiction du sol et de l'homme. A cet effet, nous pensons a notre avis que l'auteur a voulu utiliser l'image de l'arbre qu'il a trouvé riche d'expression pour expliquer l'origine du péché. Cette description explique mieux notre état pécheur actuel comme celui du temps le plus ancien.

Pour Jacques BUR, l'arbre défendu, c'est évidemment une image qui désigne le pouvoir de pendre la décision sur le bien et la mal. C'est précisément par l'arbre, dit-il, que l'auteur désigne l'alliance conclue entre Dieu et l'homme. Malheur à ceux qui confondent le bien au mal, le bon et le mauvais, la nuit et le jour, les ténèbres et la lumière, le succulent et l'amer[88].

2.3 LA MALEDICTION

Le verbe maudire est repris 86 fois dans la Bible dont 79 dans l'Ancien Testament et 7 fois dans le Nouveau Testament selon la Concordance de la Bible de Jérusalem. Le terme malédiction décrit une lutte, l'hostilité constante entre le serpent et l'homme, et entre l'homme et la femme, entre l'homme et le sol. Entre l'homme et Dieu. De manière générale, toutes les relations de l'homme sont gâchées.

En Israël, il existe plusieurs formes de malédictions. Pour designer la malédiction l'hébreu utilise le vocabulaire riche selon la circonstance. Ainsi on remarque que le mot propre pour maudire est arar[89] dont la racine *rra* employé au sens de soumettre à une malédiction. L'usage du terme est restreint à la malédiction légitime. Il convient de remarquer qu'en Israël, l'auteur de la malédiction est un professionnel.

2.3.1 La malédiction du sol

Dans ce texte, la malédiction est décrite par le verbe *rra* (arar : maudire). Ce verbe décrit la colère que Dieu déverse sur Adam après avoir désobéi. Ainsi, il mangera *ŏb/ib* (beitsevon) par la peine. Par la citation des mauvaises herbes *ŏq* (qots) épines *rdrd* (dardar) et *ĥdsĥ bsi* (eshev hashadeh) l'herbe de champs

---

[88] *Esaie* 5,20-21.
[89] A. LEFEVRE, "Malédiction et bénédiction" *Dictionnaire de la Bible supplément*, t.V, Paris, Letouzey & Ane, 1957, col 746-751

pousseront à la place des bons fruits que produisait le jardin. L'auteur sous attend ici la production défavorable du sol à l' endroit de l'homme. Cette malédiction est la conséquence logique de l'écoute, de l'obéissance a une voix autre que celle du Seigneur lie directement au fait d'avoir mangé de l'arbre interdit. Dieu devenu juge procède à l'exécution du procès tout en respectant les étapes officielles d'un jugement qui sont les suivants : audition, plaidoirie, mesures complémentaires et la prise de la cause. La question qu'il faut se poser ici est celle de savoir si le travail fait partie de la malédiction ou si la malédiction a rendu le travail plus pénible, ardu, difficile et rude. La réponse à cette question se trouve au ch 2,15 : "le Seigneur Dieu prit l'homme et l'établit dans le jardin pour cultiver le sol et le garder"

Le verbe *dbi* (avad) cultiver, signifie aussi travailler, servir. Ce qui explique bien que l'homme s'occupait bien à la fois du travail et de la garde, fonctions pour lesquelles in avait été établi dans le jardin avant la chute[90] mais après le travail est devenu pénible[91]. Au terme de cette souffrance, la mort, l'homme redeviendra poussière *bV'st rpi=la* (el aphar tashuv). Il n'est explicitement dit que l'homme mourra[92] mais redeviendra poussière[93].

Deux punitions consécutives sont infligées à l'homme du coup : le travail pénible et la déchéance du corps en poussière. Chacun de ces punitions correspond à la faute commise : comme tu as mangé le fruit défendu, tu mangeras désormais par la sueur de ton front c'est-à-dire avec peine. Vu que tu as voulu devenir comme Dieu, tu deviendras rien d'autre que poussière.

Dans la même optique, H. Blocher atteste que la condamnation qui touche l'homme Adam, concerne son rapport à la terre *hmda* (adamah). La longue lutte sera la vie avec pour seule certitude la défaite et au but la mort. Car c'est au fait l'homme qui est le perdant dans sa lutte avec le sol ; comme si le sol à la fin devait l'emporter sur lui.[94]

---

[90] *Genèse 2,15-17*
[91] *Genèse 3,17-19*
[92] *Genèse 2,15-17*
[93] *Genèse 3,17-19*
[94] H.BLOCHER, *Op.Cit*, p.168

Selon A.Wenin[95], l'harmonie du créé en Genèse 2 se remarque essentiellement aux relations établies entre *da* (adam) et *hmda* (adamah) entre l'humain et l'humus d'où il est pris. Cette relation est figurée par le jardin plante d'arbres désirables à voir et bon à manger. Et Dieu semble instaurer une sorte d'échange entre l'homme et l'humus. D'une part, il place l'humain au jardin, pour le garder et le travailler 2,25 et d'autre part, il s'adresse à l'humain pour lui donner à manger de tous les arbres du jardin 2,16. En Genèse 2,16-17, un ordre vient d'emblée soustraire la nourriture à l'ordre naturel et l'inscrire dans l'ordre rationnel. En effet, si ce qui doit permettre à l'homme de ne pas mourir lui advient avec une parole qui en fait un don et inaugure une relation c'est que la vie proprement humaine se situe à un autre plan que celui du besoin naturel et de la simple survie.

Notons que la relation entre l'homme et la terre est au centre du message de l'auteur Yahviste. Dans ce sens G. von RAD est d'avis que ce qui est fondamental pour l'existence de l'homme c'est son rapport avec le sol cultivable et fertile *hmda* (adamah). C'est d'abord de cette terre qu'il a été tiré de telle sorte qu'avec ces dons elle est le principe maternel de toute son existence. Mais une rupture vient s'introduire dans cette relation, une aliénation qui s'exprime dans une lutte muette entre lui et la terre. A cause de l'homme, la terre est maudite et lui refuse désormais des récoltes aisées de ses fruits. La relation homme-terre est ici étroite, d'intimité et de dépendance inséparable même par la mort.[96]

Toutefois, il nous parait aussi évident que le texte présente deux endroits différents. Le premier est plus laborieux, fertile et favorable à l'agriculture de par sa situation géographique, son hydrographie et surtout le choix que Dieu porte sur lui. C'est ce que l'auteur Yahviste appelle Jardin en Genèse 2,8-9. Le deuxième est le sol, en dehors du jardin, un sol desséché, diffèrent du premier. C'est probablement de celui-ci que l'homme a été façonné vu que l'homme n'a été place dans le jardin qu'après sa création, comme il est atteste en

---

[95] A WENIN,*Pas seulement du pain… violence et alliance dans la Bible*, Paris Cerf, 1998, p.41.
[96] G. von RAD, *Théologie de l'Ancien Testament*, t.1, Genève, Labor et Fides, 1971, p.142

Genèse 2,8. Pour étayer ce propos nous pouvons encore ajouter que la création du jardin est postérieure à celui de l'homme Genèse 2,8.

Les conséquences de la malédiction du sol sont multiples et vont de la multiplication des productions des épines par la terre à la mort de l'homme jusqu'à son retour au sol. Les fausses récoltes des fausses plantes apparaissent et viennent désormais prendre la place de bons fruits. Concrètement pour l'auteur, la malédiction que reçoit l'homme entraine d'autres faits supplémentaires : le travail humain est pénible, l'apparition des épines en lieu et place des arbres fruitiers du jardin et ensuite la mortalité viendra boucler la vie misérable, malheureuse et mal vécu. La nature se rebelle et renverse ses lois quand l'homme fausse sa relation avec son créateur.[97]

2.3.2 Les épines, les chardons, l'herbe de champs

D'après l'auteur Yahviste en Genèse 3, YHWH prend des mesures contre Adam qu'il condamne aux travaux forcés à perpétuité[98]. Il doit désormais arracher à sa nature rebelle et ingrate sa maigre pitance pour pouvoir subsister au lieu de cueillir des fruits du jardin d'Eden. Son existence est harassante et vaine.

H. Blocher[99] dit pour sa part que l'homme devait cultiver le sol et assujettir la terre, il le fera comme prévu mais pas comme il a été prévu. Le labeur deviendra peine avec un sol désormais maudit, la collaboration difficile. C'est la mauvaise herbe qui poussera spontanément. A la place des bons fruits comme c'était le cas avant la chute, le sol va faire pousser des mauvaises plantes (ronces, épines et chardons…). Retenons que le sol dont il est ici question est probablement celui située en dehors du jardin. La malédiction ne frappe pas le jardin, Adam y est chassé et un gardien y est placé pour qu'il ne soit plus possible pour lui d'y accéder.

Nous savons bien que le péché de l'homme n'a pas amené la perturbation dans le règne végétal, encore moins dans le règne animal comme certains le

---

[97] A.MOTYER, *Amos : Le rugissement du Lion*, Lausanne, Paroles pour vivre, 1982, pp.173-174

[98] R. MARTIN-ACHARD, *La mort en face selon la Bible Hébraïque*, Genève, Labor et Fides, 1988, p.64

[99] H. BLOCHER, *Op.Cit.*, p.168

prétendent. Avant la chute, il y avait des épines comme il y avait des animaux féroces. Les plantes épineuses servaient à faire du feu à l'absence du bois (Esaïe 10,17) et la confection de la clôture. Les épines représentent toute sorte de difficulté y compris celles qui viennent des méchantes gens[100]. Les plantes épineuses étaient un des grands ennemis de l'agriculture palestinienne.[101] Si la terre doit donner des épines, c'est dans le but de rendre la vie très difficile à l'homme pour toujours. La malédiction qui scelle désormais la vie l'homme est donc générale et dure, ce qui poussera désormais ne sera plus comestible. L'homme cultive la terre par la peine tandis que celle-ci ne lui fournit que des ronces et épines...

Pline[102] dit que la terre est une mère bienveillante, douce et indulgente, servante infatigable des besoins de l'homme mortel. Elle fait pousser des plantes nuisible qu'elle n'aura produit autrement (ivraie, avoine sauvage, orties, ronces, chardons...), les macles sans compter les poisons, les bêtes nuisibles, tout cela était introduit par le péché. Le péché produit des conséquences fâcheuses et incalculables à l'homme. Celui-ci doit vivre une vie très difficile le réduisant presqu'à l'inexistence puis la mort. C'est donc une mort double.

Comme nous l'avons fait remarquer ci-haut, certains commentateurs de Genèse, pensent que Dieu a ajouté à d'autres espèces d'arbres et des canines aigues aux animaux qui ne les avaient pas auparavant. Quant a ce, nous sommes de l'avis de A. Levinas[103] qui écarte cette pensée et précise qu'il n'y a pas dans le texte une seule indication que le Seigneur ait ajouté des épines aux rosiers ou des canines aigues aux bêtes carnivores. Il est donc possible que ceux-là ont extrapolé hors du texte ou qu'ils ont voulu l'interpréter de leur façon en y faisant des ajouts. Mais pour nous le texte est vraiment claire et n'a donc pas besoin d'un ajout pour être compris.

Que viennent faire ces images dans le texte ? La réponse est simple. L'auteur veut expliquer l'origine des plantes nuisibles par et à travers le péché de

---

[100] *Osée 2,8; Ezéchiel 28,24.*
[101] *Proverbes 24,30; Matthieu 13, 7,22.*
[102] PLINE, cité par S. AMSLER, *Op.cit.,* p.279
[103] A LEVINAS, cité par H.BLOCHER, *Op.Cit.,* p.168

l'homme. Le rôle qu'elles jouent dans le texte est d'ordre et du genre punitif. La présence de ces espèces d'arbres épineux ne peut avoir d'autre but que celui d'amener à se retrouver, se repentir et abandonner la mauvaise voie dans laquelle il s'engage loin du Seigneur Dieu. Ce langage est donc une interpellation qui s'adresse à l'homme, comme quoi s'il ne change pas sa vie deviendra misérable, malheur et plus que pitoyable. De manière générale, toute punition que Dieu inflige à l'homme cherche à ce que celui-ci se corrige, demande pardon et abandonne sa mauvaise voie. Nous croyons que telle est la volonté et l'intention de l'auteur dans cette description imagée des arbres épineux. L'intention et le but visé par l'éducateur quant à ce qui concerne l'utilisation du fouet, c'est pour corriger et ramener le fautif ou coupable à l'ordre et le réintégrer dans le groupe après correction.

2.3.3 manger par la sueur du front.

Si l'homme est puni, c'est parce qu'il a mangé de l'arbre interdit par Dieu. Viendra ensuite la sueur du front qui caractérise un travail pénible. L'homme à qui il a été donné le pouvoir d'assujettir se trouve assujetti. Il devra donc transpirer avant de manger. L'expression *;ypa tivb* "par la sueur de ton front" désigne les souffrances atroces que l'homme doit désormais subir puis endurer pour se nourrir étant loin du jardin. Le travail devient donc bel et bien douloureux, ardu, difficile, rude et pénible.

Certains commentateurs voient dans les versets allant de 17 à 19 la combinaison de deux traditions. L'un décrit, d'après eux l'homme comme agriculteur qui doit travailler le sol et manger le pain à la sueur de son front. L'autre fait apparaitre l'homme comme un nomade qui ne trouve dans la steppe que des ronces et des épines et doit se contenter de l'herbe de champs au lieu des fruits du paradis[104]. Nous estimons de notre part, que cette distinction soulevée n'est pas visible dans le texte mais hypothétique.

---

[104] F. MICHAELI, *Op.Cit.*, 1957, p.57

L'expression *manger par la sueur du front* traduit la souffrance extrême que traverse l'homme doit inconditionnellement connaitre pour obtenir son repas du jour, pour trouver satisfaction à ses besoins élémentaires. Retenons que nous ne sommes pas en présence d'un texte historique mais plutôt d'un récit transhistorique soucieux de transmettre une vérité qui transcende les conditions socio-historiques de son apparition. Il décrit l'origine du mal et de la souffrance.

2.3.4 La poussière

L'emploi du mot poussière par l'auteur Yahviste nous fait remarquer un jeu de mot porteur de sens. L'homme crée est *,da* il vient de *hmda* (terre) tandis que l'homme pécheur devient *rpa* (aphar). Pouvons-nous donc affirmer que par le péché, l'homme est passe de la terre à la poussière, comme de la vie à la mort ? Précisons que pour designer la poussière l'hébreu emploie le terme *rpa* (aphar) qui désigne la poussière de la terre, la poussière pulvérisée[105], la poudre, *hmda* (adamah) se distingue du terme employé pour designer la terre. Néanmoins, qu'il s'agisse de l'hébreu *rpa* (aphar), de *hmda* (adamah) du latin *humus* et *homo* rendus en français par glèbe poussières et homme sont tous des mots apparentés. L'homme qui est terre *hmda* (adamah) en mourant devient poudre et poussière *rpa* (aphar).

Dans l'interprétation de cette péricope, Luther retrace une nette distinction entre la terre *hmda* (adamah) et la poussière *rpa* (aphar) cette dernière désigne une terre récemment labourée, une terre morcelée ou émiettée[106], une fine parcelle de terre. L'image de la terre fait penser à ce que l'homme a de misérable, de précaire. En devenant poussière, l'homme sera réduit à sa plus simple expression. Il n'est plus terre mais devient poussière[107] Disons qu'il perd sa place d'honneur aux yeux de Dieu bien qu'il ne le perd pas complètement et éternellement.

---

[105] N.P. SANDER &I. TRENEL, *Op. Cit.*, p.40
[106] M. LUTHER, *Op.Cit.* p. 187
[107] *Genèse* 3,19

Le fait d'affirmer qu'Adam est tiré et formé de la terre atteste par ce fait même qu'il appartient à celle-ci quand on sait que אדמה (adamah) c'est la terre cultivée ou le champ. Adam signifie l'homme de la terre, le terrien, l'homme de champs, le cultivateur, le campagnard[108]

Dans la pensée de l'auteur Yahviste, les termes *terre* et *poussière* veulent souligner que l'homme n'est ni tombe du ciel, ni une créature supérieure mais un être d'origine et de finalité matérielle terrestre. Par cet image de la terre, l'auteur présente Dieu comme un potier qui modelé de ses mains un vase avec de l'argile.

La fragilité des vases d'argile est l'image même de l'homme devant la tentation qui conduit à la mort physique, tandis que la puissance de Dieu sur l'argile est l'image de sa souveraineté et sa toute puissance. L'homme crée à partir de la terre n'était pas dès le départ immortel. Rappelons ici également que le péché n'est pas d'ordre charnel mais spirituel.

Genèse 2 et 3 sont entièrement consacrées aux thèmes de la fragilité de l'homme né de la poussière. Ce thème est aussi connu du Coran[109] ou il est dit : « *De la terre, nous vous avons créé, en elle, nous vous ramènerons et d'elle nous vous ferons encore sortir une foi* » « *Dieu veut alléger vos obligations car l'homme a été créé faible* ».

En effet, il importe ici de faire remarquer que le rapport de la poussière avec notre sujet se fait voir dans la sentence même que Dieu adresse à l'homme. Celle-ci se trouve au centre de la théologie de la création et de la sanction. L'homme créé à partir de la terre devient poussière par le péché.

2.3.5 La mort

Le terme mort est reprit 521 fois dans la Bible, soit 379 fois dans l'Ancien Testament et 142 fois dans le Nouveau Testament. La fréquence de ce mot dans la Bible montre la préoccupation des auteurs Bibliques à l'égard de leurs

---

[108] K.BARTH, *Dogmatique: la doctrine de la création*, vol III, Genève, Labor et Fides, 1960, pp.269-309
[109] *Coran 20,25*

contemporains mais aussi de leurs progénitures. La mort[110] est la condition naturelle de l'homme, celui-ci a été créé mortel, Genèse 3, 19,22.

Dans le récit de la création, la mort de l'homme est perçue comme le signe de la rupture de sa relation avec Dieu et la conséquence de son péché.[111] En Genèse 2,17, Dieu avertit l'homme d'une punition de mort qui le frapperait dans le cas où il n'obéirait pas à ses lois. Cet avertissement, a première vue, fait qu'on se pose la question de savoir comment Adam comprend le contenu du nouveau mot ou terme "mort" (qui ne figure pas dans la liste de son lexique et vocabulaire, qu'il entend pour la toute première fois) présenté dans l'expression   , par ce redoublement du verbe "mot" l'auteur Yahviste place beaucoup l'emphase, l'accent et l'insistance sur ce verbe pour montrer non seulement la gravité mais aussi l'irréversibilité et l'irrévocabilité de la peine capitale. C'est suite à ce redoublement du verbe qui nous permet de traduire la partie en français par ; "tu mourras certainement". (Genèse 2,17.

Dans l'Ancien Testament, la mort n'est pas la simple séparation du corps et de l'âme mais plutôt une séparation radicale entre l'homme avec Dieu. Les auteurs bibliques se représentaient la mort commune perte de toute vitalité. Dans la Bible, la mort est l'absence de Dieu, le châtiment suprême. Ainsi le caractère universel de la mort correspond à l'universalité du péché.[112] B.E.ZOUM[113] pense que le pécheur meurt dès qu'il commet le péché bien qu'il continue de vivre physiquement. Le péché est la pire des morts et la plus funeste. C'est par le terme   que l'auteur biblique explique l'idée de la mort chez l'homme.

En effet, le texte souligne le fait que la mort n'est autre chose qu'une révolte contre Dieu. Toute personne qui s'écarte de Dieu par le péché, en termes clairs, par la transgression de sa loi, est morte bien qu'elle soit apparemment vivante. La mort est plus que la simple séparation du matériel et du spirituel.

---

[110] B. GALLIERON, "Mort" in *Dictionnaire biblique*, Aubonne (Suisse), Ed. du Moulin, 1990, pp.135-136.

[111] *Genèse 3,19*

[112] « La mort" in *Dictionnaire de la Bible et des religions du livre judaïsme/christianisme/islam*, Turnhout (Belgique), Brepols, 1990, pp.302-303.

[113] B.E.ZOUM, *L'œuvre latine du Maitre Eckhart : commentaire de Genèse procédés des prologues*, Paris Cerf, 1999, p.148.

Le verset 19 souligne bien la gravite du péché devant Dieu. C'est pour cette raison que l'homme sera chasse sans plus rien attendre du jardin immédiatement après le forfait de son échec et enfin se retrouve loin de la face de Dieu. Le jardin représente un lieu saint ou ne peut rester que ce qui est saint. L'homme y est expulse parce qu'il s'est souillée par le péché et a perdu sa virginité spirituelle. Devenue une pite, il n'a plus sa place dans le jardin de Dieu Saint. Déjà souillé et sale, par son péché, Il n'a qu'à aller se prostituer ailleurs en dehors du jardin loin de la présence de Dieu. Car une fois mort, l'homme ne pense plus à YHWH, ni ses actions merveilleuses[114]. Il ne loue plus la bonté ou la fidélité de Dieu. La mort est l'absence de Dieu dans la vie de l'Homme, car Dieu est source de vie[115]. Adam a choisi la mort en désobéissant à Dieu et pourtant il avait été averti d'avance. Il va désormais demeurer sous l'emprise du règne de la mort, en sa présence et même dans une sorte de communion avec elle.

Cependant, la Bible hébraïque malgré son insistance sur la relation de cause à effet qui existe entre le péché et la mort, n'unit pas de manière constante, le fait de mourir au péché. La Bible connait des morts paisibles qui semblent échapper à la malédiction adamique et qui tombent comme un fruit mûr et ne suscite aucun scandale au sens théologique du terme. C'est le cas des patriarches et certains témoins fidèles de YHWH qui s'en vont dans la paix, après une longue et bienheureuse vieillesse. On trouve cette pensée dans les expressions telles que : "toi, en paix tu rejoindras tes pères et tu seras enseveli après une heureuse vieillesse"[116] ou encore "... il mourut dans une vieillesse, âgé et comblé, il fut réuni aux siens". La mort relevé de cette perspective non de la culpabilité de la créature mais de sa finitude, sa créaturalité et non son iniquité[117]. La mort durera tant que les relations entre l'homme et Dieu resteront altérées.

---

[114] *Psaumes 6,6; 88,13*
[115] *Psaumes, 36, 10*
[116] *Genèse 15,15*
[117] R.MARTIN-ACHAR, *op.cit.*, p.63.

S. Ngayihembako[118] atteste que le corps de l'homme est mortel et que cette mortalité en tant que tel n'est pas envisagée comme une conséquence de la chute de l'homme. Le Nouveau Testament souligne le caractère mortel de notre corps sans l'attribuer au péché. Ainsi pour souligner sa fragilité et son caractère passager, le corps humain est appelé par Paul, vase de terre (2 Co. 4,7), tente ou demeure terrestre (2 Co 5,15). La mort consécutive au péché est en réalité la condamnation que la loi impute à l'homme coupable, séparé de la communion avec son créateur, c'est ce qu'on appelle en d'autre terme la mort spirituelle.

Pour Jean Marcel Vincent[119], l'homme est créé sexuée pour pouvoir se reproduire et non pour vivre éternellement. L'expression *t Vmt tOm* (mot thamoth) *mourir tu mourras* de Genèse 2,17 rendu par "Tu mourras certainement" est une punition, un jugement qui ne signifie pas "tu deviendras mortel" le récit Yahviste précise qu'étant chassé du jardin d'Eden, l'homme n'a plus accès à l'arbre de vie.

Fort de ce qui précède, nous nous réservons de toute tentative qui fait du corps, un objet qui serait immortel et qui de ce fait vivrait éternellement. Un tel argument fausse le contenu du texte. Nous savons que seul Dieu est immortel et par conséquent éternel. Ce qu'il faut affirmer c'est que seul la partie immortel de l'homme désignée en hébreu par *hyh wpn* et *hmwn* respectivement, rendus par souffle de vie, vie, âme et souffle, haleine, respiration, vie est indiscutablement immortelle et éternelle chez l'homme. La mort dont il est question dans le texte est à comprendre simplement comme une mort spirituelle et non pas comme une mort physique. Le projet de Dieu est la vie et non la mort de l'homme, Jérémie 18, 23,32.

---

[118]S. NGAYIHEMBAKO Mutahinga, *Histoire de la révélation a la lumière du Nouveau Testament*, ULPGL Goma 1999, p.15
[119] J-M.VINCENT, *Esquisse d'une théologie du Nouveau Testament*, ISTP, Goma, Inédit, 1990, p172

2.4 EVE

Le nom d'Eve, en hébreu   חוה (Hawah), la mère de tous les vivants, est le dérivé du verbe   rendu en français par être et vivre. Le non חוה (Hawah) est une indication que la femme est porteuse de vie. Dans ce texte, le choix du nom   est en rapport avec la vie. La femme, mère de tous les vivants, malgré la mort. Elle est "la vivante" parce qu'elle est celle qui donne la vie. Il nous faut porter une attention particulière à ce nom que l'auteur n'a pas pris au hasard. Ce nom intervient sans retard, juste après que l'homme ait écopé d'un carton rouge synonyme de la mort : "tu deviendras poussière". L'homme donne ensuite le nom de vivante à sa femme. La femme est celle qui va redonner la vie après la mort, elle est la consolatrice avérée de l'homme en péril. Bien que certains meurent, d'autres naitront de la femme.

F. Michaeli, pense qu'en donnant le nom Eve a sa femme, Adam a voulu exprimer l'Esperance qu'il avait malgré la punition de Dieu de surmonter la mort qui le frappait lui et sa descendance. En dépit de ses souffrances et de la perspective de retourner dans la poussière, il s'attache à la vie. Dans sa postérité issue de la femme, il bénéficie de la grâce de Dieu.

Quelques traditions rabbiniques rattachent le nom Eve à un mot araméen qui désigne le serpent et certaines mythologies païennes, comme chez les phéniciens connaissent une déesse souterraine en forme d'un serpent appelé Hawa[120]. Michaeli[121] poursuit en disant que si l'écrivain biblique a pu connaitre ce nom, il l'a transpose sur le plan théologique en le dépouillant de tout caractère mythologique.

La femme, est celle qui, par sa descendance, piétinera le prince de la mort et lutera pour soustraire son existence à la malédiction. J. Chaine[122] dit que le nom Eve que la femme reçoit de son mari indique sa maternité à l'égard du genre humain. Les auteurs bibliques ont eu de la retenue quant à ce qui est de l'utilisation du nom Eve. Ce qui est surprenant, c'est qu'en Genèse 2,18-24, l'homme appelle sa femme אשה (ishshah) femme, féminin de איש (ish) homme.

---

[120] F.MICHAELI, *Op.cit.* p.58
[121] *Ibid.,* p.58-59.
[122] J.CHAINE, *op.cit.,* p.51

A.   Maillot croit que le nouveau nom d'Eve que la femme reçoit de son mari exprime la manière positive de la chose qui a été vue négativement. Ce nom qui a pour étymologie primitive la vivante est donne par Adam pour signifier que tous ceux qui naitront après, viendront uniquement d'elle. Ce nom suggère bien que la mort n'a plus le dernier mot sur la vie de l'homme. Elle assure la continuité de l'histoire humaine et du plan divin. Ce nom d'Eve évoque bien la vie, contraire de la mort.[123]

2.5   LA COMPASSION DE DIEU EN VERS SA CREATURE

Dieu est compatissant, c'est l'une de ses qualités qui n'échappe pas ici à l'auteur Yahviste, pour qui le Seigneur Dieu couvre lui-même Adam et Eve des vêtements constitués des peaux d'animaux mis à mort. Dans l'interprétation de cet acte réalisé par Dieu après avoir inflige la punition à l'homme et à la femme, montre que Dieu a eu pitié d'eux. L'acte de couvrir la honte de l'homme est un signe à la fois de compassion, d'amour et de pardon vis-à-vis de l'humanité représentée ici par les personnages d'Adam et Eve. La honte est le premier signe instinctif de l'homme.

Il convient de signaler que l'acte de Dieu au premier couple est non seulement à l'origine des vêtements chez l'homme mais aussi souligne la bonté, et la providence de Dieu qui, tout en chassant l'homme du paradis ne l'abandonne pas à la honte mais le couvre par sa bonté, sa miséricorde, son amour et sa grâce au travers les peaux de bêtes.

Certains exégètes ont vu dans ces peaux de bêtes un sacrifice, or le texte ne semble pas mettre l'accent sur les rites sacrificiels ni sur la célébration cultuelle mais sur l'intervention réparatrice initiée par Dieu pour et en faveur de l'homme pécheur. Dans le cas contraire, il sera difficile de répondre à la question de savoir à qui Dieu aurait rendu le sacrifice de ces bêtes ?

Dieu devient en même temps l'offense, le juge et l'intermédiaire entre l'homme et lui-même.

---

[123] A.MAILLOT, *Eve ma mère: étude sur la femme dans l'Ancien Testament*, Paris, Letouzey & Ane, 1989, p.83.

La *rOi tOntk* (katnot or) vêtement de peau que l'homme reçoit de la part de Dieu lui-même au v21, remplace les feuilles des fuguer qu'Adam et Eve s'étaient déjà confectionnée en pagnes d'avance. Dès lors. L'homme est dans une situation renouvelé, sa honte et sa crainte ont transformé ses rapports avec Dieu. L'Eternel accepte d'atténuer la situation tendue en offrant la possibilité à l'homme de retrouver une relation ou la honte a disparu.

La confection des tuniques de peau est le don que Dieu fait à l'homme et à la femme, montre à quel degré Dieu aime l'homme, malgré la faute. Il vient à leur secours, il les punit sans les abandonner[124] à leur triste sort. En couvrant la honte de l'homme, Dieu couvre les péchés de l'humanité toute entière pour lui permettre de dialoguer afin de rétablir la relation qui a été rompu par le péché. Le geste de la confection des vêtements témoigne aussi de la solidarité de Dieu pour le couple déjà en perte de moralité, de comportement et de conscience, tout de même soulignons que cet acte est une initiative de sollicitude de Dieu pour le couple Adam en perte de vitesse et de direction. Ainsi, l'attitude du Seigneur apparait ici comme une réponse parfaite et impeccable au couple humain.

Dans l'Ancien Testament, c'est le sacrifice qui couvrait les péchés.

Certains exégètes ont pensé que le Yahviste présente ici Dieu substitué en souverain sacrificateur offrant la bête pour l'expiation du péché mais s'empêche de parler de l'autel. Nous avons réfuté toute tendance allant dans ce sens, pour nous par contre, sommes de l'avis que Dieu a toujours eu pour souci de remédier à ce qui empêche l'homme à se rapprocher de lui et de communier avec lui. Dieu a toujours eu l'intention de restaurer la relation aussitôt qu'elle est rompue avec l'homme. La honte de l'homme ne peut être couverte par ses propres efforts. C'est Dieu qui fait toujours le premier pas vers l'homme. Ce qu'il nous faut souligner ici c'est que ce n'est pas le sacrifice en tant que tel qui importe ici mais son résultat réparateur. Le verset 21 met en évidence la bonté de Dieu, sa providence, sa miséricorde, son amour, sa grâce, sa compassion, qui tout en punissant, n'abandonne pourtant pas

---

[124] F.MICHAELI, *Op.cit.*, p.36

l'homme qu'il aime tant[125]. Et ainsi rétablit aussitôt la relation gâchée par l'homme. C'est par la métaphore de l'amour, qu'Osée décrit l'amour exclusif et intense de Dieu pour l'homme, qui est toujours plus grand que sa colère : malgré son infidélité, il ne rejette pas l'homme, mais il lui promet le salut et lui garantit son amour et sa fidélité[126]. L'amour de l'homme pour Dieu se concrétise par l'obéissance et l'attachement strict à ses commandements.[127] , Dieu témoigne sa fidélité à ceux qui l'aiment et qui observent les prescrits de sa loi[128]. L'amour que Dieu démontre à l'homme est un amour libre. Dieu aime celui-ci comme un homme aime une femme, Osée 2,18, comme un père aime son fils[129]et comme une mère aime ses enfants[130]. Dieu veut que l'homme l'aime aussi en retour et en échange de son amour envers lui. "Tu aimeras l'Eternel ton Dieu de tout ton cœur, de toute ton âme et de toute ta force"[131] Dans le cas où l'amour n'est pas partagé, il se retire car cet amour marche lorsque il va dans les deux sens c'est-à-dire, de Dieu à l'homme et de l'homme à Dieu.

2.6 L'EXPULSION DEFINITIVE DU JARDIN

Ce passage parle bien de l'expulsion définitive de l'homme et de sa femme du jardin en signe de privation des avantages que le jardin disposait, la vie véritable, la vie aisée paradisiaque. La raison qui semble être à la base de l'expulsion n'est pas lie à l'acte commis, au péché mais ailleurs, au fait de

---

[125] *Jean 3,16*
[126] *Osée 14, 5*
[127] *Deutéronome 10, 12*
[128] *Deutéronome 7 : 9*
[129] *Osée 11,1 ; Deutéronome 14,1 ; 32,6*
[130] *Esaïe 49,15 ; 66,13*
[131] *Deutéronome 6,5ss*

courir un risque, et ce risque c'est "être comme nous". Il nous parait évident et indispensable de parler maintenant de ce nouvel état que risque l'homme.

2.6.1 Devenir comme Dieu

L'expression "devenir comme l'un des nous" peut designer des êtres supra humains, Dieu lui-même et sa cour.[132] Cette expression à notre sens signifie que les hommes risquent de dépasser leurs limites d'hommes et des femmes par ambition et convoiter la nature divine. Nous devons comprendre ce nous, comme un nous créateur. Ce pluriel peut indiquer la délibération de Dieu avec la cour céleste. Il peut aussi s'expliquer par la majesté et la richesse intérieure de Dieu désigné généralement par le terme hébreu Elohim toujours au pluriel. Les pères de l'église ont vu la trinité dans le nous[133]. Par ce « nous » anthropologique l'auteur présente Dieu comme un Roi qui ne décide pas seul mais qui doit tenir conseil avant de mener tout acte.

Nicholas de Lyre[134]pense que ces paroles sont dites par les anges. Selon lui l'expression "devenir comme l'un de nous" signifierait devenir un ange. Cette explication ne convient pas car, même au moment de la création, Dieu utilise un pluriel : "faisons l'homme à notre image et à notre ressemblance".[135]

Ce pluriel ne fait donc pas allusion aux anges. Si on voyait ici des anges, on ne s'accorderait pas avec ce qui est dit plus bas : vous serez comme des dieux, connaissant le bien et le mal. Tous ces textes affirment l'unité et la pluralité des personnes en Dieu. On parlera plus tard de la trinité dans le Nouveau Testament.[136]

---

[132] *1 Rois* 22,19
[133] *La Bible de Jérusalem*, Paris Cerf, 1981, p.33 note b
[134] NICHOLAS de LYRE cité par H. BLOCHER, *Op.cit*, p.41.
[135] *Genèse* 1,26
[136] *Matthieu* 28,19

2.6.2 Vivre à jamais

Nous croyons que le texte de Genèse 3,22 se construit sur base de Genèse 3,7, car après l'homme ait mange de l'arbre de la connaissance du bien et du mal, ses yeux s'ouvrirent immédiatement et sa conscience lui révéla qu'il était nu (Genèse 3,7), l'homme acquit ces deux états dangereux pour lui et cela indépendamment de Dieu.

Au verset 22, Dieu redoute un état pour l'homme qui fait que celui-ci soit expulse du jardin, celui de prendre de l'arbre de vie, en manger et dont la conséquence serait de vivre éternellement (dans le péché). Ce qui est à comprendre avant le pardon. Une telle situation l'assombrirait dans une perdition éternelle totale et irréversible. Or, la perdition éternelle c'est exactement au strict sens du terme ce que la Bible entend par "mort".

Le mot *Jgʰ* (hagan : le jardin) est aussi traduit par paradis, or ceux qui vivent dans le paradis ne sont pas passibles de mort. C'est effectivement en dehors du jardin/paradis que l'homme doit mourir. Au paradis, l'homme est en présence de Dieu, tandis qu'en dehors du jardin/paradis, il est loin de la face de Dieu.

2.6.3 cultiver le sol

Le verbe *dʿa* (avad) rendu par cultiver, veut dire aussi travailler, être esclave, servir. Ce verbe est aussi utilisé lors qu'on parle d'un service à rendre à Dieu. Le travail de l'homme, même pour cultiver la terre, est un service rendu à Dieu. Contrairement à l'interprétation qui considère le travail comme étant la conséquence du péché pour l'avoir associé à la malédiction. Genèse 2,15-17 souligne bien que l'homme devait cultiver le sol et le garder. Le rôle de l'homme dans le jardin juste après la création et avant la chute, est justifié par deux verbes d'action :

- o Cultiver le sol, c'est-à-dire servir Dieu dans le jardin en y travaillant *dʿa* (avad)

- o Garder le jardin, c'est-à dire que l'homme devait servir Dieu dans le jardin comme gardien *rmʷ* (shamar)

Les deux verbes d'action nous confirment sans un moindre doute que l'homme fut créé pour travailler, et ce travail est en rapport direct et au service Dieu qui le responsabilise. En raison de l'usure du verbe *dba* (avad), nous sous-entendons qu'il s'agit de rendre service auprès de Dieu. Ce qui nous pousse à croire que l'homme n'as pas été créé seulement travailler dans le jardin comme esclave, mais que le travail est un service rendu à Dieu. Il nous revient ici de rappeler que le mot jardin se traduit aussi par paradis. Le jardin représente donc un bien précieux de valeur inégalable que Dieu donne à l'homme comme cadeau gratuit au bénéfice de la vie et au haut risque de la mort. Ainsi l'homme doit y travailler, le garder et le protéger jalousement *rms* (shamar).

L'homme reçoit de Dieu, la responsabilité et l'autorité sur l'excellente créature entière. Les deux verbes cultiver/travailler *dba* (avad) et garder *rms* (shamar) se comprennent dans le texte seulement si l'homme dépend d'un Maitre suprême, Dieu. L'homme n'est donc pas le propriétaire du jardin mais son gérant établi et affecté par Dieu.

F.Michaeli[137] pense à ce sujet qu'il est faux de prendre le travail comme une malédiction pour l'homme. Il est voulu et donné par Dieu. Le travail en soi ne constitue donc pas une malédiction ni n'en fait partie. C'est par contre la malédiction qui est venue aliéner le travaillant en détériorant ses conditions d'exercice et son rendement, rendant le travail pénible, moins amusant et peu appréciable. Avant la chute comme après, l'homme doit travailler. Car le travail est l'une des grandes responsabilités attribuées à l'homme dans le jardin avant la chute. De toutes les façons et de toute manière, le travail n'est pas à exclure dans la vie de l'homme sous un faux prétexte qui s'appuie sur les saintes écritures. Dieu lui-même est l'auteur du travail en ce sens qu'il a travaillé pendant les six jours de création pour montrer l'exemple. Ainsi, l'homme est toujours invite au travail et cela à partir de la création. La paresse est un défi et un péché contre l'ordre divin.[138]

---

[137] F. MICHAELI, *Op. cit.*, p.29.
[138] *Proverbes* 6,6-11; 19,24; 20,4, 13; 21,25; 22,13; 24,3o-34; 26,13-16, *1Thessaloniciens* 4,11, *2Thessaloniciens* 3,10

2.6.4 L'arbre de vie

Le deuxième arbre se trouve au milieu du jardin que nous présente l'auteur Yahviste est l'arbre de vie(s) ,yyhh /i (ets hahaim). Selon le texte, cet arbre confère l'immortalité. Si le premier arbre est défendu en Genèse 2,17, le deuxième ne l'est pas car selon le texte, ce dernier ne constitue aucun danger pour l'homme. Les raisons qui peuvent être à la base de conséquence fâcheuse conduisant à l'expulsion de l'homme du jardin, a notre avis, sont à trois :

- Il a d'abord mangé de l'arbre interdit, verset 17
- Il est devenu comme l'un de nous, verset 22a
- Dieu a peur que l'homme ne mange de l'arbre de vie et qu'il ne vive éternellement, verset 22b.

De ces trois raisons mentionnées, la troisième semble être la plus argumentative. L'auteur s'appuie sur l'anthropomorphisme. L'homme est chassé " de peur qu'il ne touche à l'arbre de vie" comme si Dieu devait avoir peur comme un être humain. Pourtant rien ne peut intimider ni faire peur à Dieu. La peur est un état d'âme, une frustration qui annonce un danger courant ou future. L'auteur manque ici un terme ou vocable approprie et se laisse virer dans l'usure l'anthropomorphisme, attribuant à Dieu le caractère humain. C'est ainsi que l'auteur voit présence l'arbre de vie et de l'homme dans le jardin comme une frustration devant Dieu, il faut les séparer, aussi longtemps que l'arbre de vie dont la conséquence est le risque d'accéder à la vie éternelle[139] cette nouvelle vie qui dépend plus de Dieu mais de l'arbre constitue un danger pour Dieu vis-à-vis de l'homme. La suspicion intervient avec la possibilité ou probabilité d'avoir accès au deuxième arbre. L'accent est place sur un arbre et non pas sur Dieu. Dans ce cas particulier, Dieu a raison d'écarter l'homme d'une possibilité/probabilité qui devait l'écarter définitivement et pleinement de l'homme qu'il a créé à son image et qu'aime

---

[139] *Genèse 2,22*

tant. Car à notre sens l'homme devrait désormais vivre sans Dieu. C'est donc pour rendre la sanction de Dieu effective que l'homme est expulsé et interdit de toute possibilité de retourner au jardin ou se trouve la vie éternelle.

La possibilité que pose le texte est celui de répondre à la question de savoir comment l'homme peut obtenir l'immortalité ? Lui suffisait-il de manger de l'arbre de vie comme Dieu le redoute en Genèse 3,23? La présence de l'arbre de vie dans le jardin prouve en suffisance que l'homme était naturellement mortel. Car si l'homme n'était pas mortel, quel avait été le rôle d'un pareil ordre et nature avant la chute ? Or le mot vie est parallèle avec la mort. L'arbre de vie ne peut être compris autrement qu'en rapport avec la mort. La vie et la mort sont comparables comme les deux bouts d'un même fil, l'un ne va pas sans l'autre. Si non, En quoi Dieu serait-il jaloux de l'accession de l'homme à l'immortalité ? En quoi l'accès de l'homme à l'immortalité ferait-il peur à Dieu ?

Pour répondre à ces questions, nous devons nous rendre compte de la façon dont l'homme aurait acquis cette immortalité. Par le fait que le péché éloigne l'homme de Dieu, nous croyons que la jalousie de Dieu est à situer dans son amour au point qu'il n'a pas voulu que l'homme vive éternellement dans le péché loin de sa présence. Selon le texte, l'homme vivrait immortel, mais malheureusement loin et en l'absence de Dieu. C'est contre cette possibilité de danger que Dieu veut écarter et préserve l'homme.

La jalousie de Dieu s'inscrit seulement dans un cadre précis ; Dieu est jaloux parce qu'il est incompatible avec le péché ou qu'on le mette en parallèle avec d'autres dieux car il n'est pas un dieu parmi tant d'autres mais le Dieu unique à qui l'homme doit tout c'est-à-dire le salut, la vie, la dépendance, la fidélité, l'amour... Bref, Dieu souhaite que l'homme reste auprès de lui, c'est-à-dire pardonné[140] ; au lieu de demeurer éternellement loin de sa présence. La crainte de Dieu, c'est que l'homme demeure éternellement dans le péché.

---

[140] Selon le texte biblique, est vivant celui qui a des bonnes relations avec Dieu. Par conséquent, est morte toute personne qui s'éloigne de Dieu par le péché, bien qu'il soit physiquement en vie.

E. Charpentier[141] affirme que Dieu n'est pas jaloux, il détient, a lui seul, la vie et il est prêt à la donner à l'homme à condition que l'homme le veule. "Voici devant toi la vie et la mort, choisi la vie..." L'arbre de vie est une image fréquente dans l'Ancien Testament. On parle à plusieurs reprises en parallèle à la source de vie.

L'idée que l'immortalité peut être obtenue en mangeant le fruit d'un arbre surnaturel se rencontre dans bien des religions[142], on le retrouve dans plusieurs mythes anciens de l'Inde, en la Chine en passant par la Mésopotamie. Il est l'axe du monde, le lien entre le ciel et la terre. Le dieu égyptien Osiris est lié au cèdre, Zeus le dieu grec au chêne, Apollon, le romain au laurier. C'est une divinité qui prend en charge tous les êtres vivants, féconde de la terre et la couvre de tous ses bienfaits dans son ombre. Le nouveau Testament fait aussi mention de l'arbre de vie en Apocalypse 2,7 et dont les fruits servent à nourrir les vainqueurs. Ce passage d'Apocalypse fait allusion et est apparente au texte de Genèse.

L'homme chassé du jardin fut écarté de l'arbre de vie. Dans le judaïsme, on attend le Messie pour qu'il introduise les juifs dans le jardin d'Eden. Le Messie comme Grand Prêtre ouvrira la porte du jardin et donnera aux saints τω νικωντι (to nikonti : à celui qui vaincra) de manger de l'arbre de vie. Jésus réalise cette mission/promesse pour ceux qui ont la victoire en lui. Si le premier livre de la Bible écarte l'homme très loin de l'arbre de vie du jardin, le dernier livre y revient et apporte l'espoir de manger de l'arbre de vie très envié et convoité de l'homme. Le livre d'apocalypse redonne de l'espoir de manger de l'arbre de vie afin de vivre éternellement avec Dieu, à la seule condition de figurer parmi les vainqueurs, qui sont encore connus de la Bible sous différents noms en l'occurrence : les saints de Dieu, les enfants de Dieu, ceux qui ont le cœur pure, les rachetés, nés de nouveaux, les justes.... Ceux qui mangeront de ce fruit ne mourront plus.

Cet arbre que l'homme n'a pas été autorisé de toucher dès la création, est promis non pas à un dénommé Adam mais a toute sa progéniture, toute

---

[141] E. CHARPENTIER, *Op.cit.*, p.39
[142] TOB, *op.cit.*, p.2176, note x

l'humanité. Manger le fruit de cet arbre tant attendu, signifie partager la plénitude de la vie éternelle, c'est la vie complète et toutes les délices qu'elle comporte.

2.6.5 Qui sont les chérubins

Les chérubins sont des êtres symboliques dont la forme a plusieurs composantes 9de l'homme, du taureau, du lion, et de l'aigle). Ces animaux sont des symboles ailés de force et de sagesse.[143]

Dans le Moyen Orient ancien, les chérubins étaient des animaux ailés avec des traits humains, on les sculptait aux portails, aux enceintes royales et sacrées. Ils étaient conçus comme des génies protecteurs.

Plusieurs commentateurs vétérotestamentaires sont d'avis que le mot chérubin vient du mésopotamien *karibu*. En Mésopotamie, les karibu étaient des génies en forme de taureau ou de sphinx qui gardaient symboliquement l'entrée du palais des lieux saints ou même des trônes divins. Les chérubins étaient des personnages connus depuis dans la mythologie mésopotamienne. Leur rôle et leur représentation ont pu varier.[144]

La Bible pour sa part, fait aussi mention des chérubins à plusieurs endroits. Dans le livre d'Ezéchiel, par exemple, les chérubins sont un corsier de char divin, ils combinent les excellences de la création terrestre : les traits du lion, de l'homme, du taureau et de l'aigle. Selon Ezéchiel 28[145], les chérubins ont pour rôle de protection et d'exécution judiciaire[146]. En Exode 25, 18, le couvercle de l'arche de l'alliance porte deux chérubins ; de même, deux chérubins de bois revêtus d'or sont destinés à protéger l'arche en 1 Rois 6,23ss. Ils servent

---

[143] L. BASSET, *Op.cit.*, p.203

[144] Ici ce sont des quadrupèdes ailés, à la tête humaine et dont la fonction était de protéger l'arche qu'ils recouvraient.

[145] En lisant le texte d'Ezéchiel 28, le prophète reprend les mêmes images telles qu'en Eden. Paradis, être comme Dieu, les chérubins. Le péché du roi de Tyr consiste à dire : je suis un Dieu parce qu'il a acquis la sagesse. Tyr est construite sur une ile et fier de sa richesse et de sa puissance due à un commerce prospère. La vile de Tyr avait causée bien des ennuis a Nabuchodonosor. Elle ne céda qu'après quinze ans de résistance mais ne fut pas dévastée. Les oracles du prophète contre Tyr gardent les échos du mythe de l'homme primordial qui se prend pour Dieu. Le récit de Genèse 2-3 l'avait vraisemblablement exploité auparavant.

[146] *Ezechiel* 28,14-16

également de décoration sur les parois extérieures et les murs extérieurs du temple.[147] Nous, avons fait recours à ces comparaisons à travers la Bible pour montrer l'importance de leur place dans l'imaginaire des auteurs bibliques.

Les pères de l'Eglise ont compris les chérubins comme étant des symboles[148] La tradition de l'église a fait d'eux des anges, or les ;afm (mal^eakha) en hébreu sont des envoyés ou des messagers connus tant du monde grec que du monde hébraïque. Le grec utilise le terme αγγελος (angelos) pour ange et pourtant le mot hébreu ;afm (mal^eakha) a un sens diffèrent de ,ybrkh dont on ne trouve pas d'équivalent en grec. Pour designer ce mot, il est fort probable que la version grecque de la LXX n'a fait que transcrire le mot hébreu ,ybrk (kh^erubim) en χερουβιμ (Kherubim) laissant uniquement l'article de côté.

Bref, il est vrai qu'aucune version n'a traduit le terme chérubin par ange ni par un autre mot approprié. Que ce soit le français chérubin, le grec   , l'allemand cherubim[149], l'anglais cherubs[150] du swahili makerubi ; toutes ces langues n'ont fait que translitérer le mot hébreu ,ybrkh (hakh^erubim) faute de l'équivalent dans la langue du traducteur.

Il est difficile de donner avec exactitude la fonction et la forme du chérubin. Il est tantôt vu comme gardien des liens saint de fois comme symbole de la prière continuelle[151]. Cette longue étude consacrée aux chérubins nous conduit à conclure que les chérubins ne sont pas à chercher parmi les êtres célestes supérieurs à l'homme, ni à comprendre ou à comparer aux anges et autres êtres divinement révélées. Tout indique que les auteurs bibliques ont emprunté les représentations courantes et d'actualité de leur environnement culturel pour en faire un usage symbolique[152]. Rappelons ici qu'Israël a

---

147 1 *Rois* 6,29
148 K. RAHNER, *Le chrétien et la mort, (foi vivante)*, Paris, Desclee de Brower, 1966, p.46 ; cité par H.Blocher *Op.cit.*, p. 182
149 *Das Alte Testament Hebraisch-Detsch*, Stuttgart, Wurtembergische Bibelantalt Stuttgart, 1974, p.5
150 P. JAY & S.GREEN, *The interlinear Bible, Hebrew-Greek-English*, Lafayette(Indiana), Sovereign Grace Publishers, 1986, p.4
151 A. WESTPHAL, "Chérubins" in *Dictionnaire encyclopédique de la Bible*, Paris, Je sers, 1932,
152 F.MOUNIER, *Op.cit.*, p 185

beaucoup hérité des images et représentations de ses voisins. Par l'image du chérubin, retenons seulement que l'auteur a voulu matérialiser la puissance de Dieu par des êtres supérieurs et forts armées d'une épée en feu, foudroyante et en en perpétuel rotation pour justifier l'inaccessibilité du jardin à l'homme.

2.6.6 L'épée foudroyante

L'épée est une arme offensive, très ordinaire dans le Proche Orient ancien. Primitivement en bronze, puis en fer, elle est présente dans tous les combats d'Israël. Au temps de prophètes, l'épée devient symbole de la guerre ou le châtiment divin. La bouche d'un prophète est une épée dans la main de son Dieu.

Pour R. de Pury :

> L'épée foudroyante est le grand signe de la bonté de Dieu qui prépare le salut de sa création. Dieu interdit l'accès de l'arbre de vie à l'homme pécheur pour en réserver l'accès à l'homme nouveau. La lame flamboyante est là pour nous éviter la catastrophe irrémédiable car si Adam parvenait à s'emparer de l'arbre, cela voudrait dire qu'il vivrait éternellement dans son péché, que sa mort n'aurait point de fin, qu'il serait esclave à jamais, ce serait l'enfer.

La question qu'il convient ici de poser et à laquelle il importe est celle de savoir de quelle épée il est question dans le texte. S'agit-il d'une épée tournoyante, d'une épée foudroyante ou d'une épée en forme de flamme ?

L'expression *tkphmh brhh uhl* (lahath haherev hammihapekheth), nous pouvons comprendre qu'il s'agit d'une épée flamboyante qui peut encore être compris comme une flamme dont la forme est celle d'une épée enflammée. Ce qui pose problème dans cette expression c'est le verbe *tkphmh* (hammihapekheth), traduit par tournoyant. Ce qui veut dire que l'épée enflammée tourne sans arrêt ou qu'il est en rotation dynamique ininterrompu. Dans ce cas, il n'est pas entre les mains du chérubin mais un une arme indépendant. Une autre question surgit, celle de savoir pourquoi l'auteur fait intervenir cette autre image dans son adresse de fait ? Disons d'abord que l'homme a été créé et placé dans le jardin pour y travailler et y assurer la garde, c'est donc à lui que revenait toute les responsabilités. Une fois chassé et écarté du jardin l'auteur met de côté, à jamais toute possibilité pour celui-ci de retourner dans le jardin.

Les exégètes sont partagés quant à la question de l'épée de Genèse 3,24. Pour Luther[153], l'épée représente la loi de Dieu et sa justice, sa parole révélée a l'homme, sa toute-puissance infranchissable et inébranlable. Les chérubins qui gardaient le chemin n'avaient pas des glaives de fer mais la flamme du glaive tournoyant, c'est-à-dire un éclair ou une flamme semblable à celle de la flamme qui n'est pas fixe et qui éblouit les yeux. C'est cette flamme qui selon Luther, avait la forme d'une épée continuellement brandie. Dieu pose les chérubins et ajoute une flamme de glaive tournoyant. L'épée de feu représente sans doute la justice et la sainteté de Dieu dans l'œuvre de son jugement. C'est par son pouvoir d'agir, de commander, par sa force effective qui s'est manifestée dans l'histoire par et à travers une force effective que Dieu interdit à l'homme tout accès ou tout retour au jardin ou au paradis saint, plus rien ne sera comme avant. Dieu est fidèle, il exige en retour la fidélité de l'homme de peur d'être rejeté par lui. Comme l'épée est à la fois une arme et un instrument décisif du roi, la bouche d'un prophète est une épée dans la main de son Dieu.[154]

Pour d'autres commentateurs bibliques, cette flamme est un éclair ou une arme divine. L'épée flamboyante représente la parole de Dieu révélé à l'homme. Cette parole est infranchissable et inébranlable. Dieu est juste et Saint et demeure dans sa sainteté. L'homme ne peut plus rester dans le paradis parce qu'il a perdu sa sainteté en se souillant par le péché. Le péché c'est l'acte d'aller à l'encontre des prescrits divins. Ainsi, il ne peut plus rester en présence du Dieu très Saint[155]

---

[153] M.LUTHER, *op.cit.*, p.196
[154] *Esaïe* 49,2
[155] K. RAHNER, *Op.cit.*, p.48

Dans ce deuxième chapitre ou il a été question d'analyser le jugement de Dieu selon Genèse 3,17-24 et de trouver les sens des images et représentations que présente le texte Yahviste. Cette étude profonde nous a conduit aux constations ci-après :

Genèse 3,17-24 est un écrit qui veut nous dire qu'il n'y a qu'un seul Dieu en qui nous devons croire et de qui nous devons écouter l'unique voix. Dans le cas contraire, nous aurons désobéi. C'est donc cette désobéissance que l'auteur Yahviste décrit sous forme d'image en termes de manger de l'arbre, un acte qui nous fait mériter les peines de tout genre, dont la mort viendra mettre un terme à la vie de l'homme.

La mort, comme absence de la vie, est à comprendre de deux manières. Elle est d'abord la séparation du corps et de l'âme c'est ce qu'on attend en d'autres termes par mort physique. Ce que le Yahviste attend pas "redevenir poussière" au verset 19. La mort est aussi une séparation de l'homme d'avec Dieu, son créateur. Cela étant ce deuxième aspect de la mort souligne que toute personne qui s'écarte de Dieu, est morte quoi apparemment vivant.

L'auteur souligne la conséquence de la désobéissance comme étant à l' origine du malheur qui frappe l'homme. La vie de souffrance décrète en terme clairs apparait en premier échelon comme conséquence directe de la désobéissance et enfin la mort viendra mettre un sceau à la vie pénible et malheureuse de l'homme. Tandis que ceux qui obéissent à Dieu ont droit à la vie. L'arbre de vie est une promesse indispensable dans la Bible, ont droit à cet arbre seuls, ceux qui ont évitent le péché. La vie que Dieu offre à l'homme est éternelle à condition de rester fidèle à sa parole. Des lors, l'homme est donc devant un choix entre le bien et le mal, à lui seule revient l'amabilité, le choix et la décision finale, même si Dieu essayera toujours de le persuader régulièrement en lui suggérant de faire un bon choix, c'est-à-dire choisir le bien et vivre. Amos 5,4b ; 5,14 La seule possibilité d'espérer manger de l'arbre de vie, c'est retourner vers son créateur, dépendre de lui uniquement en observant scrupuleusement sa parole et en mettant en pratique les préceptes et prescrits de sa loi.

Les chérubins et l'épée flamboyante mettent l'accent et l'emphase sur l'impossibilité de l'homme pécheur de revivre une relation d'intimité avec Dieu et ré-exploiter ou ré-expérimenter la vie du jardin. L'épée et le chérubin représentent l'incompatibilité qui existe entre Dieu et le péché, entre la vie et la mort, entre la lumière et les ténèbres.

Bref, l'auteur nous révèle en d'autres termes que Dieu n'est pas l'auteur ou l'origine de souffrance et du malheur de l'homme mais l'homme lui-même. La sanction d que Dieu inflige à l'homme est à la fois d'ordre correctionnelle et pédagogique par laquelle, Dieu envisage que l'homme lui revienne en rétablissant ses rapports avec lui pour qu'enfin il revienne à la vie. La seule et l'unique éventualité de l'homme pour goûter de l'arbre de vie dont la possibilité d'exploitation dans le jardin.

Il est dit dans la Bible que Dieu est gracieux, compatissant, lent à la colère et d'une gentillesse incroyable[156]. La grâce de Dieu a de spécial d'offrir à cet être humain ce dont il n'a pas le mérite. C'est ainsi que le salut offert à l'homme s'inscrit dans la logique de la grâce, que bien que l'homme ne le mérite pas Dieu lui fait grâce, il se retient de rendre un jugement bien qu'il a tout le droit de le rendre. La seule façon de trouver le repos de l'âme, la paix du cœur et la sécurité de l'esprit c'est de chercher Dieu, le trouver, le rencontrer faire tout ce qu'il demande à l'homme pour rester en sa présence et désirer marcher au quotidien avec lui.

Dieu a créé l'humanité pour lui-même. C'est pourquoi il l'a créé à son image et à sa ressemblance, Genèse 1,26. L'homme est créé avec une âme vivante qui doit désirer vivre éternellement en harmonie avec son Créateur. Psaumes 42,2, 3. Dieu est le seul et l'unique capable de satisfaire et combler l'image de Dieu en l'homme.

---

156 *Psaumes* 103,8

Le prophète Esaïe dit que Dieu ne se trouve pas éloigné de l'homme, mais que ce sont plutôt les crimes c'est-à-dire les péchés qui séparent l'homme de Dieu, cachent sa face et l'empêchent de voir l'homme et de l'écouter.[157] Un peu plus loin, il dit que la main de l'Eternel n'est pas très courte pour sauver ni son oreille sourde pour écouter mais que ce sont les iniquités de l'homme (représenté ici par Israël à qui l'auteur s'adresse) qui le sépare de son Dieu[158].

Le péché produit une crainte accablante en l'homme qu'il ne désire plus rester en face de Dieu, car ne plaisant plus devant lui. Ce fut la tragédie lorsqu'Adam a cédé à la tentation de désobéir à l'ordre et à la loi de Dieu relative à la consommation de l'arbre du milieu du jardin. L'homme a depuis peur d'apparaitre en face de Dieu et décide de prendre le large pour se cacher et aller vivre loin de Dieu, Genèse 3,10 "j'ai entendu ta voix dans le jardin mais j'ai eu peur" (de te rencontrer ou de paraitre devant toi. Des générations depuis Adam c'est-à-dire l'humanité entière se trouve sous l'ombre du péché. Et pourtant l'auteur du psaume 111,10 nous rappelle que la crainte (ici obéissance) de l'Eternel est le commencement de toute sagesse.

La vie de l'homme qui reste obéissant à Dieu est incompatible avec la peur[159], la peur ne vient pas de Dieu mais elle vient de la crainte, elle est engendrée par le péché étant donné que le péché éloigne l'homme et l'écarte de la présence de Dieu et le plonge dans l'incertitude et insécurité.

La sécurité par contre ne peut donc être retrouvée que dans le rétablissement d'une relation étroite et parfaitement établie avec Dieu[160]. Cela étant, rappelons que le rôle de l'homme est exclusivement de révérer, de vénérer, d'adorer, cde considérer et reconnaitre Dieu, en tant que tel comme le seul et unique en dehors de qui il n'y a rien. Dieu veut savoir "où est Adam ? ", Adam est dans l'insécurité du désespoir, il est devenu l'ombre de lui-même depuis et se trouve dans une confusion sans pareille. Dieu essaie lui venir ici au

---

[157] *Esaïe 53,6*
[158] *Esaïe 59,1-2*
[159] *Proverbes 29, 25 ; Esaïe 41,10.*
[160] *Ésaïe 41,13.*

secours pour l'aider à se situer, a se repositionner, à se retrouver ses repères dans la mesure du possible. La question « ou es-tu ? » de Genèse 3,9 a pour but ainsi de ramener l'homme à la raison et à la conscience au but de se reconnaitre et revenir à la logique du départ vis-à-vis de son créateur. L'auteur utilise une fois de plus une forme de style d'anthropomorphisme par lequel il considère Dieu comme un homme limité, pour qui quelque chose peut passer inaperçu. Dieu est partout au même moment, rien n'est caché devant lui.[161]

La question est plus spirituelle que physique ici, car il est impossible de concevoir comment l'homme peut être en mesure de se cacher devant Dieu dont l'une des qualités est omniprésence, c'est-à-dire que Dieu est partout au même moment[162], en d'autres termes ailleurs la Bible dit qu'il a sept yeux pour signifier la plénitude de sa vision, rien ne l'échappe ou le passe inaperçu. C'est donc l'homme spirituel qui s'est évadé de la présence de Dieu et s'est caché d'apparaitre devant Dieu. Mais Dieu vient à son secours et à sa recherche et veut connaitre son dévolu, sa position, son état, son dessein et son dévolu.

L'homme a peur et est nu[163],. La conversation entre Dieu et l'homme, à notre sens devait avoir pour objectif, la remise en cause, la reconnaissance du dévolu, la défaite et le forfait de l'homme, conduisant immanquablement à la repentance afin de rétablir la relation scandaleuse avec Dieu en cours du danger de rupture. Mais malgré l'effort de la démarche de Dieu et l'opportunité en or qu'il offre à l'homme, celui-ci ne se retrouve pas mais laisse passer sa dernière chance inexploitée s'évader. S'il se serait sincèrement repenti en demandant franchement pardon, Dieu lui ferait grâce, mais hélas !

Du péché vient le désespoir. Adam a tout perdu, il n'a plus rien des avantages offerts gratuitement par Dieu jusqu'à une vie très luxueuse, nantie, opulente, aisée, vécue dans l'abondance et la prospérité dans un jardin-paradis que Dieu a planté de ses mains pour lui afin de rassurer à l'être humain crée à son

---

[161] *Psaumes* **140,7-12**
[162] *Psaumes* 139,1-16
[163] *Genèse* 3,10

image et à sa ressemblance, Adam, une vie luxuriante où la souffrance est mise hors d'état de nuire. C'est uniquement au jardin-paradis où il y a la vie destinée à l'homme. Vivre dans le jardin prêt de l'arbre de vie qui ne peut tarir parce que assurée par l'irrigation des quatre fleuves c'est synonyme de rester en vie aussi longtemps que possible. Si dans le jardin il y a la vie, en dehors du jardin il n'y a rien que la souffrance, la misère, la désolation qui se couronne par la mort. L'homme qui espère en Dieu, qui place sa confiance est comme un arbre plantée à cote d'un cours d'eau, Dieu le rétablit dans son plan du salut.[164]

Sont appelés bénis ceux qui vivent une vie de sainteté, qui se sanctifient au quotidien et vivent une relation étroite avec leur créateur Dieu, eux uniquement auront le droit de manger de l'arbre de la vie et passeront à travers les portes de la ville sainte[165]. Ceux qui craignent l'Eternel ne s'approchent pas des dieux en idoles, mais s'en éloignent, s'en écartent de vives voies, se dédient à Dieu de toute foi, fidélité de tout cœur. Ils ne laissent aucune parole de Dieu tomber par terre[166]. Josué invite à travers Israël tout être humain crée à l'image et à la ressemblance de Dieu de se sentir interpellée à une vie consacrée à Dieu, à la crainte de l'Eternel et le servir avec fidélité, loyauté et dévouement. L'homme et tout homme doit rejeter toute divinité, toute idole de quelle nature, genre et origine qu'elle puisse être et s'abandonner à l'Eternel YHWH uniquement.[167] Quand David tue Urie et épouse sa femme, Dieu dépêché le prophète Nathan pour le reprocher de cet acte ignoble. David reconnu son forfait, se repenti. Dieu l'a pardonné et a retiré la sentence de mort bien que celle-ci fut transférée au nourrisson qui naquit de la grossesse.[168]

Les justes (qui marche selon les prescrits de Dieu) fleuriront comme le palmier, ils pousseront comme le cèdre de Liban, planté dans la maison de l'Eternel, ils

---

[164] *Psaumes 43,5 ; Jacques 4,7ss.*
[165] *Apocalypse 22,14*
[166] *1 Samuel 3,19*
[167] *Josué 24,14-18; Deutéronome 10,12; 11,1; 13,18-26; 8,1-5,11; 6,4-9.*
[168] *2 Samuel 12,13*

fleuriront dans les courts de notre Dieu. Ils resteront frais et verts proclamant : "l'Eternel est droit et juste, il est mon Rocher et il n'y a pas de mal en lui"[169]

Il est béni l'homme qui ne s'associe pas au conseil des impies et des méchants ; il est comme un arbre planté près des cours d'eaux qui porte des fruits a sa saison et dont les feuillages ne fanent ni ne sèchent, tout ce qu'il fait prospère.[170] A plusieurs reprises la Bible revient l'image de l'arbre plantée près des eaux comme représentation de l'homme qui marche droit selon la volonté de Dieu. Citons-en quelques récits ici :

- Les fruits de toute sorte pousseront de deux rives du fleuve, leurs feuilles ne faneront ni ne dessécheront pas, ni leurs fruits ne peut échouer. Chaque mois ils porteront de fruits parce que l'eau du sanctuaire coule vers eux et les arrose. Leurs fruits serviront de nourriture à manger et leurs feuilles à guérir.[171]

- Beni soit l'homme qui se confie en l'Eternel ; dont la confiance est en lui. Il sera comme un arbre plante près des eaux qui envoient ses racines dans les cours d'eaux. Il ne craint pas quand la chaleur ou la sécheresse arrive, ses feuilles sont toujours vertes. Il n'a pas d'inquiétude durant toute l'année de sécheresse et n'échoue jamais à porter des fruits[172]

- L'absence de Dieu dans la vie de l'homme le mène certainement à la solitude. Le compagnon éternel de l'homme, c'est Dieu que la Bible présente comme un ami fidèle qui prend soin de lui et de sa vie entière à tout instant. Apres l'acte d'infidélité d'Adam et Eve se retrouvent seul et dans la solitude impudique triste et cauchemardesque qu'ils en regrettent les causes mais ne peuvent plus en défier les conséquences. Ils n'ont plus d'autres options selon eux que de se cacher leur face et tresser de feuilles de figuier pour couvrir leur honte et leur cupidité,

---

[169] *Psaumes 92,12*
[170] *Psaumes 1,1-3*
[171] *Ezéchiel 47,12*
[172] Jérémie 17,7-8.

convoitise et avarice. Le péché écarte l'homme de Dieu et le soumet à la solitude la plus absolue et la plus concrète. La seule option palliative c'est le retour sincère à Dieu qui écarte et éloigne même l'homme de la peur, de l'incertitude, de l'insécurité objets de la solitude.

Dieu invite l'homme incessamment à marcher toujours ensemble et côte à côte avec lui et dans sa présence pour une vie digne et assurée en total confiance loin de la peur, de l'insécurité et de l'incertitude.[173] L'homme est invité à veiller et éviter d'endormir son cœur et sa conscience après avoir expérimenté la bonté de la présence du Seigneur Dieu tout au long de la marche de la vie.[174] C'est au plus grand commandement de Dieu auquel l'homme fait défaut et pèche, qui consiste à reconnaitre Dieu comme le seul vrai Dieu qu'il faut aimer de tout son cœur, de toute son âme, de toute sa pensée et de toute sa force, bref de tout son être.[175]

Les commandements sont certes une obligation, mais aussi l'expression de la fidélité envers Dieu, étant donné qu'ils permettent à celui qui les observe et les respecte d'avoir une vie d'amour et de liberté devant Dieu. L'une des réponses à l'amour de Dieu est l'amour du prochain, l'étranger y sous-entendu[176]. Il définit d'abord le comportement entre les hommes, les uns envers les autres. Lévitique 19, 18,

Le péché est l'origine de la culpabilité intérieure à laquelle l'homme fait inévitablement face chaque fois qu'il commet le péché. C'est cette culpabilité que l'homme Adam et sa femme Eve expérimentent sous forme de remord qui les agitent sous silence et les révèle non seulement qu'ils sont nus mais aussi qu'ils ne pourront plus apparaitre devant la face de Dieu. Ainsi la seule option restante c'est de couvrir leur nudité de honte par des feuilles de figuiers et s'écarter de la vue de Dieu. Cela fut que l'homme s'éloigna de plus en plus de Dieu. Et pourtant Dieu n'oublie pas l'homme qu'il a créé à son

---

[173] *Deutéronome* 11,13 ; 11,22-25 ; 10,12-13 ; 11,1 ; 8,11 ; 7,9 ; 6,4-9 ; 4,39-40 ; 4,29-30 ; *Psaumes* 4,6.
[174] *Deutéronome* 14,9
[175] *Marc* 12,29; *Exode* 20,1-5
[176] *Exode* 23,9

image et à sa ressemblance ni ne peut l'abandonner car il l'aime tant[177], si celui-ci se repent, il efface ses péchés, fautes et offenses comme la nuée du matin.[178]

La tentation est universelle et commune à tout être humain. Celle-ci est décrite en Genèse 3,1ss sous l'aspect d'une conversation entre le serpent et la femme qui qui y associe son mari. La tentation en soi n'est ni une faute, ni un péché. C'est par contre succomber, échouer ou céder au test et piège de tentation qui est un péché. Dans le livre de Job il est dit que malgré les lourdes et graves tumultes de tentation dont Job est passées à travers, celui-ci n'a pas péché pour tenir Dieu responsable de son sort ou de son forfait. Job 1,22 ; 2,10b mais qu'il a plutôt rendu grâce à Dieu pour tous les désastres, catastrophe et opprobres qu'un homme ait connu.[179] Dieu ne rejette pas un homme intègre[180]

Dieu s'intéresse infiniment de l'homme, le distingue des autres créatures et se préoccupe de lui de façon singulière et particulière, fait de lui son ami et veut le sauver du danger permanant qui le hante au quotidien, désire ardemment qu'il demeure, reste et vive en lui, avec lui et pour lui. L'homme doit être et demeurer saint comme l'est son Maitre Créateur Dieu pour espérer rester en communion permanente avec lui. "Vous êtes saints pour moi, parce que Moi l'Eternel Je Suis Saint et je vous ai mis à part afin de m'appartenir parmi les nations"[181]

Citons ici un autre exemple de tentation, celui du récit de Caïn qui fut aigri parce que l'offrande de son frère Abel fut apprécié ou accepté semble-t-il par rapport au sien. Dieu le repris en ces termes : "pourquoi es-tu fâché ? Pourquoi ta face est réprimée ? Si tu fais ce qui est juste, ne seras-tu pas accepté ? Mais si tu ne fais pas ce qui est juste, le péché est entrain de frapper à ta porte ; il désir t'avoir mais, tu dois le maitriser "[182]

---

[177] Jean 3,16
[178] Esaïe 44,21-22.
[179] Job 1,21 ; Psaumes 34,19-20
[180] Job 8,20
[181] Lévitique 20,26

CHAPITRE TROISIEME

VERS UNE THEOLOGIE DU JUGEMENT

Dans ce chapitre, nous traiterons la question du jugement de Dieu dans la perspective de la théologie biblique en générale. Il est vrai que le jugement est une conséquence qui surgit à cause de la désobéissance de l'homme à la loi de Dieu, son créateur. C'est pourquoi, nous devons d'abord parler de la loi avant d'entamer la question en rapport au jugement, car nous ne pouvons pas prétendre parler du jugement sans faire allusion à la loi qui régit la vie de l'homme. Cette loi est sous-entendu au chapitre 3 verset 17.

3.1 LA LOI

Par la loi, désignée en grec par ςομον (nomos et dont l'équivalent en hébreu est ﬩‎ (Torah), il faut entendre la révélation divine telle qu'elle est consignée dans l'Ancien Testament. Au premier siècle en Palestine, la Torah est reçue essentiellement comme un code juridique. Elle règle les relations entre les hommes eux-mêmes et entre eux et Dieu. "La loi est certes en premier lieu l'expression sainte et bonne de la volonté de Dieu telle qu'elle est formulée dans la tradition des pères" dira J.M.Aubert[183]. La loi est aussi le chemin juif du salut. Par l'obéissance légale, le croyant juif s'affirme, se confirme et se conforme devant Dieu.

---

[182] *Genèse 4,6-8*

Cette loi a pour rôle de révéler le péché à la conscience de l'homme afin de le confesser et s'en détourner. La loi est défigurée et détournée de son sens et but par le péché. En Genèse 2-3 la loi est décrite comme l'interdit (principalement dans l'image de l'arbre du milieu du jardin)[184] Genèse 2-3 dépeint la place de choix qu'occupe la loi de Dieu dans sa relation avec l'homme bien qu'on ne fait pas, explicitement mention d'elle dans le texte. Le verset 17 lit ce qui suit : "... et que tu as mangé de l'arbre de vie que je t'avais formellement interdit de ne pas manger..." Sous attend bien une loi édictée bien avant a Adam et à laquelle il ne s'est pas laisse soumettre ni obéir. Le verset 17 du chapitre 3 nous nous ramène en référence aux versets 16 et 17 du deuxième chapitre où il est clairement dit : Et Dieu fut l'ordre à l'homme : "tu es libre de manger tous les fruits du jardin, mais tu ne mangeras pas de l'arbre de la connaissance du bien et du mal, car lorsque tu le mangeras, tu mourras certainement. "

La deuxième raison que nous avançons pour justifier qu'il s'agit d'une loi c'est que dans la conception de la tradition juive, la loi c'est l'ensemble des cinq livres qu'elle (la tradition) attribue à Moise. D'après la Torah, c'est par cette loi que Dieu se révèle à son peuple quand il dit : *hyha rwa hyha* (Je Suis Celui Qui Suis.)

183 J.M.AUBERT, et al., *Loi et Evangile*, Genève, Labor et Fides, 1981, p.33.
184 *Ibid*, p.30

Pour L. Monloubou[185], la Torah est la révélation des exigences de Dieu sur l'homme. Elle est le moyen par lequel Dieu éduque et élève son peuple. Elle est douée d'une véritable originalité qui lui vient d'Israël au Dieu unique, le Dieu de l'alliance. Bref, la loi représente les relations entretenues entre les hommes et avec Dieu. Elle règle la vie des fidèles dans tous leurs détails en vue d'une vie de sainteté qui plait à Dieu. C'est ce qu'on affirme par l'expression "manger de l'arbre interdit" qui représente la Torah ou la loi de Dieu dans le texte.

3.2 LE PECHE

Il nous faut ici faire remarquer que dans la péricope de notre étude, Genèse 3,17-24, il n'y a aucun mot spécifiquement utilisé par l'auteur pour designer la faute commise par le premier couple humain. Personne ne peut savoir dire avec exactitude et précision, la faute reprochée au tout premier couple à part "manger de l'arbre" nulle part ailleurs dans la Bible on trouve une pareille forme de style. Néanmoins, il convient de remarquer que l'auteur présente le péché de sa façon par l'expression *;tyvj /iĥ=ška* (akal haets tsiwithika) *« manger de l'arbre interdit »* qui veut simplement dire que l'homme a transgresser la Loi divine en écoutant et en obéissant à la voix de quelqu'un autre que celle du Dieu unique. Il convient donc de faire remarquer que le péché commis par le couple Adam est à la fois exprimée et s'expliquée par deux actions :

- Manger de l'arbre interdit par Dieu
- Ecouter la voix de sa femme

Les auteurs bibliques voient dans la nature corporelle de l'homme et sa fragilité la cause d'une impureté devant Dieu. Nous pouvons croire que l'homme vivait avec sa femme en bonne relation avec leur Créateur-Dieu. Mais les choses se compliquent et se compromettent lorsque l'homme délibérément péché par désobéissance à Dieu pour avoir obéit à sa femme. L'homme renverse ici les valeurs, il met sa femme a la place de Dieu, Il adore

---

185 L.MONLOUBOU, F.M du BUIT, *Dictionnaire biblique universel*, Paris, Desclee, 1984

sa femme au lieu d'adorer Dieu, il obéit sa femme au lieu d'obéir à Dieu, il élève sa femme plus qu'il n'élevé Dieu. Dans ce cas Adam se rend coupable du péché de l'idolâtrie de sa femme qu'il écoute et obéit en méprisant Dieu par ce même acte.[186]

Apres ces différentes explications en rapport avec le péché commis par le couple Adam, répondons maintenant à la question ci-après : le péché, est-il une sorte de contagion, ou une contamination entre les hommes au point qu'il se perpétue de génération en génération sans fin ? Pour élucider cette question, nous devons d'abord voir la question relative à la transmission du péché.

3.2.1 La transmission du péché

L'idée générale que fait ressortir le passage de Genèse 3 est que le péché se transmet d'une personne à l'autre, du père au fils, de génération en génération sans fin et nul n'en n'est épargné. Dans ses analyses et interprétation du texte de Genèse 3,1-26, Dubarle dit ce qui suit :

> *Le peuple d'Israël a été convaincu de la solidarité qui lie chaque personne à son milieu familial et national, sans compter l'environnement physique. C'est pour lui une appréhension immédiate, une contestation qui s'impose et non une affirmation qui aurait besoin préalable des preuves. Cette solidarité se réalise au plan religieux comme aux autres et telle a été ressentie bien souvent comme une solidarité dans le péché[187]*

> *Pour le Yahviste, un héritage se transmet d'une génération à l'autre et que c'est une des lois de l'histoire les plus importantes. Le péché des ancêtres a des répercussions sur leur postérité sans que celles-ci aient commis les péchés par un acte libre nouveau. L'auteur de Genèse affirme la réalité d'un héritage à la fois physique et morale passant d'une génération à une autre, mais il n'a pas nullement analysé avec précision le mécanisme de cette conduite et le sort d'un ancêtre conditionne le destin de la postérité sans qu'il soit nécessaire qu'à chaque génération les mêmes décisions libres soient prises à nouveau[188].*

---

[186] *Exode* 20,2-4
[187] A.M. DUBARLE, *Le péché original : Ecriture et tradition*, paris Cerf, 1999, p.25
[188] *Ibid.*, p.57

La question épineuse ici est celle d'expliquer la transmission contagieuse du péché à partir du premier couple jusqu'à la génération actuelle. Cela entraine une autre question qui est celle de savoir si le péché se transmet du père au fils comme un héritage obligé et incontournable.

Pour répondre à cette question, disons que le péché du premier couple humain n'a pas eu des conséquences funestes sur eux seuls mais pour toute leur postérité. Qui est Adam ? Adam c'est l'homme, tout homme et tout l'homme. L'homme tout court. Donc tout homme est représenté en l'homme et tout homme c'est Adam. Ainsi, les conséquences du péché ne se limitent pas à l'ordre physique mais ont des répercussions certaines dans l'ordre moral et spirituel.[189]

L'auteur attend bien raconter un drame dont les conséquences s'étendent à toutes les races. Il affirme la réalité d'un héritage à la fois physique et moral passant d'une génération à l'autre bien qu'il ne semble pas faire allusion aux mécanismes de cette transmission. La conviction évidente de l'auteur de Genèse 3 est que la conduite et le sort d'un ancêtre conditionne le dessein de sa postérité ou de sa génération. Cette conception est fréquente dans l'Ancien Testament.[190]

Dans la révélation de l'Ancien Testament, le péché d'Adam est évoqué pour expliquer la misère de la condition humaine. Cette transmission du péché d'Adam à Eve s'explique simplement et uniquement par le fait qu'Adam et Eve représentent l'humanité toute entière. Dans ce cas, le péché du couple Adam et Eve, c'est le péché de toute l'humanité sans exception. Cela étant, E. Charpentier[191] suggère de comprendre l'homme de Genèse non comme une personne physique mais comme une personne morale, l'homme en définitive. Ainsi, souligne-t-il : " si Adam c'est l'homme, tout homme, son péché

---

[189] E. BEAUCHAMP, "Le péché" in *Dictionnaire de la Bible : Supplément*, t.VII, Paris, Létouzey &Ané, 1966, col.407-408
[190] *Genese*,7; 11,17
[191] E. CHARPENTIER, *Pour lire l'ancien Testament*, Paris, éd. du Cerf, 1986, p.41.

est le péché de tout homme, le péché du monde. En ce sens chacun de nos péchés entre dans ce péché d'Adam, le grossit et lui donne consistance".

Le péché est donc une force ou toute force qui pousse l'être humain à commettre ce qui est mal aux yeux de Dieu et ainsi désobéir à la volonté divine. Dans l'histoire du message Biblique l'enseignement relatif au péché et son action héréditaire cause des sérieux problèmes. A titre d'exemple citons les explications du Concile de Trente.

> *Si quelqu'un soutient que la précarité d'Adam ne fut nuisible qu'a lui-même et non pas à sa postérité, qu'il a perdu pour lui seul et non pour nous aussi la justice, la sainteté qu'il avait reçues ou qu'étant souillée lui-même par le péché de la désobéissance il n'a transmis au genre humain que la mort de l'âme, qu'il soit anathème. Si quelqu'un déclare que ce péché d'Adam qui est un dans sa source et transmis non par initiation mais par propagation qui est en nous ou il devient propre en chacun, s'efface soit par la force de la nature soit par un autre remède que par le mérite de l'unique médiateur notre Seigneur Jésus Christ qui nous a réconcilié dans son sang ou si quelqu'un nie que ce mérite s'applique tant aux adultes qu'aux enfants par le baptême selon la forme de l'église, qu'il soit anathème.*[192]

> *Au paradis Adam était l'ancêtre, le représentant de toute l'humanité. Toute l'humanité était physiquement contenue en lui comme en son principe. Adam était la race humaine et ceux qui naitraient de lui auraient nécessairement sa nature, seraient ce qu'il était. Adam avait reçu la justice originelle, non pour lui seul, mais comme un privilège lie à la nature humaine et qu'avec cette nature il transmettrait à ses descendants. C'est pourquoi, selon le plan divin nous hériterions par voie de génération ... toute la nature humaine qui était considérée en Adam.*[193]

C'est un peu de cette façon-là que le Concile de Trente tente d'expliquer l'universalité du péché. Quant à elle, la Bible distingue deux sortes de péchés avons-nous constaté tout au long de nos recherches. Elle distingue le péché communautaire ou collectif du péché individuel ou personnel. Consécutivement, on remarque des sanctions communautaires et

---

[192] C.A.CROEGAERT, *Commentaire liturgique des leçons du catéchisme*, Nazareth, Les vérités de la foi, 1952, p.212
[193] *Ibid*

individuelles. Nous allons d'abord traiter de la façon dont les auteurs bibliques parlent des péchés collectifs puis nous verrons après ce qu'ils pensent des péchés individuel

3.2.2 Le péché collectif ou communautaire

Comme nous les constatons dans le passage de Genèse 3,17-24, il est clair et net que l'auteur cherche à justifier la valeur universelle du péché. Le Yahviste comme plusieurs autres auteurs bibliques, partagent l'avis selon laquelle un péché individuel a des conséquences certaines sur la famille, le clan, la communauté et même la nation auquel appartient le coupable.

La question à laquelle il nous faut répondre maintenant est celle d'expliquer la transmission du péché d'Adam et de la sanction de celui-ci à nous. La réponse à cette question s'explique par les données du texte.

Le nom *da* Adam est généralement traduit par homme en d'autres termes il signifie tout homme, l'homme tout court. Il n'est pas à prendre comme un nom propre mais collectif. Cela veut simplement signifier que c'est l'homme qui a péché, tout homme a péché en Adam sans exception. Genèse présente en fait la description justificative de l'universalité du péché en la personne universelle d'Adam. Pareille explications ne doivent pas paraitre comme si elles tombent du Ciel mais contenu et embellis dans une histoire dite de la création. Nous devons ici rappeler que le but de l'auteur est de répondre aux questions vitales et existentielles de tous les temps (d'où vient l'homme ? comment expliquer l'existence des êtres animaux et leur origines et leur différences ? la nature, pourquoi la souffrance ? pourquoi la mort ?... Pour répondre à toutes ces questions existentielles que l'homme se pose, l'auteur Yahviste le fait à travers une histoire de la création. Ainsi c'est dans cette forme d'expression que l'auteur trouve l'explication des conditions de vie humaines qu'il associe bien au contexte religieux le situant dans le rapport entre l'homme et Dieu. Sur le plan théologique, la présentation de l'auteur Yahviste convient mieux quant à ce qui concerne la réponse en rapport avec l'origine de toute chose y compris la misère humaine. A l'exception de celle-ci, il paraitrait difficile voire impossible d'expliquer autrement l'origine de toute chose en générale et pour nous la transmission du péché de génération en génération jusqu'à l'infini.

Ainsi la responsabilité individuelle du péché est établie. Un important principe du droit pénal nouveau semble contrebalancer l'ancienne coutume qui est dictée dans le passage de Genèse 3,17-24. En vertu de cette coutume, la punition devenait collective et devait toucher les entités comme la famille, toute la tribu, un clan, une communauté et même tout un peuple y compris le coupable. Cette situation ne fait matière à réflexion et nous amène à nous demander si l'Eternel peut mélanger les justes et les coupables puis le juger ensemble. Va-t-il condamner les justes pour la faute que d'autres ont commise ?

3.3 LA SANCTION

Le but que la Bible s'assigne en décrivant la sanction la sanction de Dieu à l'homme en particulier et l'humanité en général, c'est dans l'intention et l'objectif de ramener celui-ci à Dieu, et ainsi renouer la relation qui a demeuré longtemps rompue. De manière générale, disons que dans le dessein de Dieu, son châtiment vise la réconciliation avec sa créature. A ce sujet Xavier Léon Dufour[194] écrit : « calamite, déluge, dispersion, ennemis, enfer, guerre, mort, souffrance, tous ces châtiments révèlent à l'homme trois choses :

- Une situation : celle du pécheur,
- Une logique : celle qui conduit du péché au châtiment,
- Un visage personnel : celui du Dieu qui juge et qui sauve »

Ce qui sépare l'homme de Dieu ne s'explique pas par le châtiment, mais par le manquement ou le péché dont il est la rétribution. L'éducation à la liberté ne peut se faire sans correction. Le châtiment retenons-le est lié a la loi. Les remontrances sont donc nécessaires, les fouets le sont davantage, car ils ne

---

[194] XAVIER LEON DUFOUR, "Châtiment" in *Vocabulaire de théologie*, Paris, Cerf, 1962, p.158.

requièrent pas comme les premiers de circonstances favorables. Le châtiment du pécheur a deux raisons d'être : corriger le coupable et ramener le pécheur à Dieu.

Enfin, disons que le châtiment de Dieu est à comprendre uniquement comme une arme dont il se sert pour renouer les relations perdues avec l'homme pécheur car Dieu, comme dans son amour vise le salut éternel de l'homme. En Proverbes 23,13, il est conseillé de ne pas épargner l'enfant du fouet, pour la raison selon laquelle, il n'en mourra pas mais plutôt que c'est une voie pour épargner son âme   de tout état conduisant à la mort. Dieu corrige par amour pour écarter l'homme de la mort. Est d'office béni l'homme que l'Eternel corrige et qui ne néglige pas la discipline de l'Eternel[195]. Car Dieu cause les blessures et ses mains les guérissent. La crainte de l'Eternel doit toujours caractériser son peuple qui juge avec soin et ne connait point d'injustice, de partialité, partie pris ni corruption[196]

S'il arrive qu'à un moment j'annonce qu'une nation ou royaume doit être déraciné, terrassé et détruite et si cette nation que j'ai mise en garde se repend de ses mauvaises voies, alors je ralentirai, m'abstiendrai et n'infiltrerais plus sur elle le désastre que j'avais planifié. Et si à un autre moment j'annonce qu'une nation ou un royaume doit être rétablie, reconstruite ou planté et si elle fait le mal à mes yeux et ne m'obéit pas, alors je veux revoir le bien que j'avais voulu lui faire. Maintenant, dit au peuple de Juda et ceux qui habitent Jérusalem, voici ce que dit l'Eternel ; Regardes, je suis en train de préparer un désastre pour vous, ainsi, tourne toi de tes mauvaises voies et actions[197]

3.4 L'AMOUR DE DIEU

Il ne serait pas non plus évident de parler de la création et de la pédagogie dans le plan salutaire de Dieu sans pouvoir songer à la manifestation de son amour. Dans le récit de la création en Genèse 3,2 où il est question de couvrir

---

[195] *Job* 5,17
[196] 2 *Chroniques* 19,7
[197] *Jérémie* 18,7-12

la honte de l'homme par Dieu. Nous remarquons que l'acte de Dieu qui témoigne de sa solitude vis-à-vis de l'homme coupable en dépit de sa vie, de sa souffrance qu'il est désormais condamné d'endurer et d'une mort qui viendra sceller en définitif cette souffrance. Le vêtement de peau de bête par lequel Dieu couvre la nudité de l'homme prouve avec suffisance et satisfaction la bonté et l'amour de Dieu envers l'humanité.

Nous avons dit plus loin que le fait de couvrir la nudité de l'homme signifie en même temps couvrir sa honte, en terme religieux c'est pardonner, d'autant plus que dans le langage Yahviste, couvrir la honte signifie couvrir le péché. D'ailleurs, dans la théologie biblique les termes les plus usités pour pardonner se traduisent souvent par "couvrir".

Le Dieu créateur, n'est pas un Dieu isolé[198], ce ne pas non plus un père qui abandonne ses enfants. "Une femme oublie-t-elle l'enfant qu'elle allaite? N'a-t-elle pas pitié du fruit de ses entrailles? Quand bien même elle l'oublierait, Moi je ne t'oublierai point. "[199] Le Seigneur notre Dieu se définit lui-même comme un Dieu d'amour. Son amour est si profond qu'il n'a pas d'équivalent lequel qu'il soit. Cet amour ne peut donc être comparé à quoi que ce soit ni à aucun autre amour sur terre habitable. Même si l'homme abandonne et oublie Dieu, Dieu ne pourra jamais et je dis ; jamais l'abandonner. L'amour de Dieu, est incomparable.

La vraie religion c'est Justement celle qui prêche et se préoccupe en premier et prioritairement de l'amour, de l'amour incomparable de Dieu manifesté en Jésus Christ. L'amour divin, est cet amour particulier et sans complaisance qui se sacrifie lui-même totalement pour son objet, tant il en comprend l'immense valeur.

Nous pouvons citer l'exemple, d'Adam et Eve qui ont trahit leur Dieu d'amour et créateur en faisant un choix malheureux qui le conduisit au péché dans lequel ils sont tombes profondément jusqu'à l'abomination. Mais malgré leur rébellion, Dieu par son amour incommensurable est venu couvrir leur nudité.

---

[198] *Psaumes 94,14 ; 37,28 ; 27,10 ; 9,11 ; Lévitique 26,11, Deutéronome 31,18 ; 31,6 ; 31,8 ;*
[199] *Esaïe 49,15 ;*

Alors que l'homme venait de confectionner des feuilles de figuier pour se couvrir temporairement sa honte en Genèse 3,21 cette confession de pagne en feuilles figuier est pour nous synonyme de l'incapacité de l'homme de se sauver de l'état du péché. C'est pour cette raison que Dieu lui vient en aide par amour en lui faisant don d'une tunique en peau. Une peau synonyme de durée par rapport aux feuilles des figuiers passagers condamnée à disparaitre instantanément ou de très courte durée. Cette confection de tuniques en peau de bête que Dieu fait à l'homme et à la femme est une preuve suffisante attestant que malgré la transgression, la faute grave commise Dieu viendra toujours à leur rescousse de manière permanente et durable synonyme d'un salut définitif.

Dieu punit l'homme[200] mais ne peut jamais l'abandonner. Il punit et reviens à l'homme comme un père punit ses enfants avec pour objectif de les épargner, préserver   et les écarter des catastrophes, désastres, dégâts que pareils agissements peuvent produire dans l'avenir[201]. En couvrant la honte de l'homme, Dieu au même moment et par ce fait projete la couverture des péchés de l'humanité toute entière de manière permanente et définitif. Ce geste de Dieu vient ouvrir la porte du dialogue et rétablir la relation interrompu par le péché. L'homme est incapable du vrai amour comme il est incapable de se sauver. Son amour et son salut lui vienne de Dieu. Dieu abonde en bonté, en grâce, en amour, en compassion ; bien qu'il punit, il n'abandonne jamais qu'il aime tant mais plutôt rétablit la relation avec celui-ci a chaque moment qu'il péché. Par un plan de salut définitif qu'il a mis en application en Jésus Christ.

Dieu est amour et le restera, car il ne peut être autre chose que l'amour. Son amour envers l'humanité dépasse notre entendement en ce sens qu'il a toujours été aux cotés de l'homme depuis la création malgré l'état pécheresse de celui.

---

[200] Birindwa Bahizire, *La sanction de Dieu selon Genèse 3,17-24*, mémoire de Licence, ULPGL-Goma, inédit, 2001
[201] Proverbes, 23,13-14

L'amour de Dieu est difficile voire impossible à décrire correctement dans un langage en terme de rédaction humain. On peut que le comparer à celui d'un père à ses enfants. De même que l'homme a compassion de ses enfants Dieu a compassion de ceux qui le craignent[202]. Mais l'amour de Dieu est plus grand que ce que nous pouvons nous imaginer. C'est plus que l'amour des parents envers leurs enfants. Il est gigantesque qu'on ne peut trouver de mots exacts pour l'exprimer convenablement. Cet amour est inconditionnel[203], illimite, immuable, sans restriction, quoi qu'il, il l'offre gratuitement et librement à l'être bien cher à lui, qui n'est rien d'autres que l'homme. Bien que nos pèches entrainent la séparation avec Dieu, Dieu nous aime malgré nous. C'est par et en son amour que nous sommes réconcilier avec lui.

L'amour de Dieu envers l'homme est un amour infini et inépuisable

Dieu est amour et son amour est grand, incomparablement infini et illimité comme nous l'avons souligné dans les pages précédentes. Dieu a manifesté son amour envers l'homme depuis la création. En Genèse 1,26 la Bible affirme ce qui suit : "Puis Dieu dit: Faisons l'homme à notre image, selon notre ressemblance, et qu'il domine sur les poissons de la mer, sur les oiseaux du ciel, sur le bétail, sur toute la terre, et sur tous les reptiles qui rampent sur la terre."
Partant de ce texte de la Genèse l'homme est une création exceptionnelle, unique de son genre en comparaison aux autres créatures en ce qu'il est fait des mains de Dieu et scellé de son souffle (l'homme est donc constitue de deux parties, une partie matérielle et une partie spirituelle-souffle de Dieu. Dieu crée l'homme pour le ressembler a jamais une fois pour toute et plus rien ne pourra renverser cette situation innée. L'image de Dieu fait référence à l'aspect immatériel de l'homme, qui le met à part du règne animal, le rend digne de la domination que Dieu lui a confiée sur la terre[204] et lui permet

---

[202] Psaumes 103,13
[203] Peter Amsterdam, L'amour de Dieu pour l'humanité, (God's love for mankind), *Publié sur Director's Corner en octobre 2013. Adapté et réédité le 3 juillet 2017. Traduit de l'original par Bruno et Françoise Corticelli.*

[204] Genèse 1,28

d'être en communion avec son Créateur. Il s'agit d'une ressemblance mentale, morale et sociale. L'homme a été créé pour entretenir et demeurer dans des relations étroites avec Dieu, afin de maintenir la relation d'amour entre Dieu et lui. Cela veut simplement dire que Dieu a créé l'homme tel qu'Il est. L'homme reflète l'image nette sans tache et parfaite de Dieu. Il est la représentation même de Dieu car l'homme porte en lui des empruntes fortes de Dieu notamment son souffle de vie.
 Ces empreintes de Dieu en l'homme sont tellement fortes que même le péché ou la mort ne peuvent le dépraver. Comme un père a compassion de ses enfants, l'Eternel a compassion de ceux qui le craignent.[205] D'éternité en éternité est l'amour de Dieu envers ceux qui le craignent et sa justice demeure et s'étend aux enfants de leurs enfants.

La personne humaine, créée à l'image de Dieu, est un être à la fois corporel et spirituel. Le récit biblique exprime cette réalité avec un langage symbolique, lorsqu'il affirme que " Dieu modela l'homme avec la glaise du sol ; il insuffla dans ses narines une haleine de vie et l'homme devint un être vivant "[206].

L'homme tout entier est donc voulu et aimé de Dieu.

Après le premier péché, le monde a été envahi par les péchés, mais Dieu n'a pas abandonné l'homme au pouvoir de la mort. Au contraire, il a été anticipativement annoncé d'une façon mystérieuse[207] que le mal serait vaincu et que l'homme serait relevé de la chute. C'est la première annonce du Messie rédempteur.

La Bible atteste en Romains 8,38 ce qui suit : "oui, j'ai la certitude que rien ne peut nous séparer de son amour : ni la mort, ni la vie, ni les anges, ni d'autres autorités ou puissances célestes, ni le présent, ni l'avenir, ni les forces d'en haut, ni celles d'en bas, ni aucune chose créée, rien ne pourra jamais nous

---

[205] *Psaumes* 103,3
[206] *Genèse* 2,7
[207] *Genèse* 3,15

séparer de l'amour que Dieu nous a manifesté en Jésus-Christ notre Seigneur et Sauveur."

Il en va sans dire que Dieu nous aime malgré nous et cela de façon inconditionnelle, sans compter le nombre de nos trébuchements, nos manquements, nos fautes, nos péchés, nos lacunes... car nous sommes spéciaux à ses yeux. Il nous a créés de la plus belle des manières, de façon merveilleuse et unique. Son empreinte d'amour est si forte que rien ne peut le rayer.

> *Pendant un court instant, je t'avais rejetée, mais, dans ma grande tendresse, je te reprends avec moi. Dans un accès momentané de colère, j'ai refusé de te voir, mais, dans mon amour sans fin, je te garde ma tendresse. C'est moi, le Seigneur, qui te le dis, moi qui prends ta cause en mains. "Je vais faire aujourd'hui comme au temps de Noé : j'avais promis alors que la grande inondation ne submergerait plus la terre. Je te promets de même aujourd'hui de ne plus m'irriter et de ne plus te menacer. Même si les collines venaient à s'ébranler, même si les montagnes venaient à changer de place, l'amour que j'ai pour toi ne changera jamais, et l'engagement que je prends d'assurer ton bonheur restera inébranlable. C'est moi, le Seigneur, qui te le dis, moi qui te garde ma tendresse."*[208]

Jamais, le plan de Dieu ne pourra être contrecarré ou arrêté par la nature pécheresse de l'homme aussi longtemps que Dieu manifestera toujours son amour à son égard. Dans son parcours historique, Dieu n'a jamais consenti d'abandonner son chef d'œuvre pour quel motif qu'il soit. Pour étayer nos propos, nous pouvons nous appuyer sur quelques passages bibliques suivants :

L'être humain appartient à Dieu par alliance dès la création, il est attaché à lui et lui appartient éternellement. Dieu ne peut quitter l'homme ni l'abandonner complètement. Jamais le plan salutaire de Dieu ne pourra être ébranlé ou annule. Son plan du salut de l'homme est éternel et incontournable objet d'un

---

[208] *Esaïe 54,7-10*

amour si profond, inconditionnel et irrévocable. Rien ne saura interrompre ou mettre fin à l'amour de Dieu envers l'être humain créé à son image et à sa ressemblance.

Dieu dans son immense miséricorde n'abandonne guère sa création comme il est un Dieu non seulement compatissant mais aussi miséricordieux et riche en amour.

Jean 3,16 nous enseigne de quelle manière Dieu a tant aimé le monde, qu'il a donné son fils unique afin que quiconque croit en lui ne périsse point mais qu'il ait la vie éternelle.

En Genèse 3,21 il est dit : "L'Éternel Dieu fit à Adam et à sa femme des habits de peau, et il les en revêtit." Ce verset démontre que Dieu est compatissant et lent a la colère envers l'homme pécheur[209]. L'interprétation de cet acte divin tout juste à la tombée de sentences montre que Dieu puni en pardonnant par pitié. L'acte de couvrir la honte de l'homme est un signe de compassion, d'amour et de pardon à l' endroit de l'humanité toute entière représentée ici par nos deux parents Adam et Eve sa femme. En ce sens Dieu devient ici en même temps l'offense, le juge et l'intermédiaire entre l'homme pécheur et lui-même. La confection de tuniques de peaux de bête est le don que Dieu[210] fait à l'homme pour couvrir sa honte définitivement et une fois pour toutes pour attester que Dieu punis sans abandonner mais plutôt pour corriger. Dieu a toujours été intéressé à rétablir la brèche d'une relation rompue par le péché avec l'humanité.

> *Déchirez vos cœur et non vos vêtements, revenez à l'Eternel votre Dieu car il est gracieux et plein de compassion, lent à la colère et abondant en amour et se repent des maux et calamites qu'il vous envoie[211].*

En couvrant sa honte, Dieu témoigne de son amour incomparable à l'homme. Cet amour culmine dans le regard posé sur l'homme qui est image de Dieu

---

[209] *Exode 34,6*
[210] La sanction de Dieu selon Genèse 3,17-24, inédit, faculté de Théologie, ULPGL-Goma, Septembre 2001
[211] Joël 2,13

indépendamment de la réalité de la chute et de la corruption : *,wK.Yv rOi rOktk siYv* : et il leur fit d'habits en peau (des bêtes) et il les vêtu[212]. C'est pourquoi il nous faut maintenant traiter la question en rapport avec le pardon.

3.5 LE PARDON

Nous pensons que la miséricorde de Dieu ne se manifeste pas dans la peine de mort mais plutôt dans la racine comme nous l'avons précise ci-haut. C'est ce qu'affirme D. Cline lors qu'il dit : « ni von Rad, ni Westermann ne perçoivent l'importance de la place qu'occupe le pardon et la grâce de Dieu. Il se trouve après la sentence et avant le châtiment. Ainsi, la volonté du salut divin ne se révèle pas seulement dans le jugement et après, mais avant même l'exécution du jugement (v.21).[213] Il faut souligner ici que ce point de vue est partagé par la plupart des exégètes. Ils sont unanimes quant au verset 21 ou ils voient la miséricorde de YHWH s'exerce à l' endroit du premier couple.[214]

Le pardon est un libre don de Dieu. Genèse 3,21 souligne la protection de l'homme par Dieu par une tunique malgré son péché et sa rébellion. En couvrant la honte de l'homme, Dieu couvre quelque chose qu'il ne veut ni ne souhaite plus voir dans l'avenir de l'homme, Dieu vêtit la peau d'Adam et la couvre d'une autre peau en signe de pardon, de grâce, de miséricorde, de bénédiction et d'amour. L. Basset[215] affirme à ce propos qu'au verset 21, Dieu a protégé lui-même l'homme fragile par une tunique de peau *ri* (or) mot qui désigne en premier lieu la peau humaine. La racine *wbl* (vêtir) a une signification de vulnérabilité qui doit rester constructive de l'humanité puisque Dieu vêt sa peau d'une peau en signe de bénédiction, d'amour et de pardon.

---

[212] B.E.ZUM, *L'œuvre latine de Maitre Eckhart : Commentaire de la Genèse précède de prologues*, Paris, Cerf, 1999, p.489.
[213] D. CLINES, cité par P. BERTHOUD. « Le thème de la Genèse, 1 à 11 ». in *la Revue Reformée Soli Deo Gloria,* no 2, 1980, pp.250-264.
[214] A-M.DUBARLE, *Op.Cit.*, p.39
[215] L.BASSET, *Op.Cit.*, p.459.

Dans la théologie biblique, cette action que Dieu manifeste à l'homme revêt une grande portée théologique. Selon F. Bonhoeffer[216] Dieu n'oubliera pas l'homme et la femme de vivre nus en face l'un de l'autre et devant lui raison pour laquelle il voile lui-même leur nudité. Le péché conduit la victime à éprouver la même honte sous forme de remord que celle de la nudité. Dieu couvre cette honte, qui se vit sous forme de remord de culpabilité par le pardon qu'il couvre le pécheur coupable représenté ici par le couple Adam. Si le premier homme est vu comme celui qui introduit le péché au monde et a l'humanité, il est de même le premier des humains a qui Dieu manifeste son amour, sa grâce, son pardon gratuit. Ceci confirme la règle générale et constat générale universel selon lequel Dieu n'a jamais rejeté définitivement l'homme qu'il a créé à son image et sa ressemblance, dans toute son histoire. C'est dans ce même ordre d'idée que le Christ serviteur souffrant a pardonné toute l'humanité.

Le pardon des péchés est un bienfait d'un ordre spécial et l'attitude normal de Dieu devant le péché est l'application de la justice vindicative, le pardon de Dieu reste une faveur extraordinaire[217]. L'homme étant à la base, à l'origine et la source du mal ; Dieu par son amour et sa grâce initie le projet du pardon qui a atteint son point culminant, sa sommet et son paroxysme en Jésus Christ pour résoudre une fois pour toute le problème du péché de l'homme. Quand l'homme excelle dans le mal, Dieu rayonne et luit dans le bien par son amour envers celui-ci. Disons que le pardon divin est inscrit dans le fondement de l'existence comme la seule réalité infinie et absolue, capable d'englober et d'engloutir le mal, de le maitriser, de le convertir au service la vie et de le transfigurer. Ainsi donc, l'être humain peut espérer retrouver son intimité avec Dieu enfin d'être rétablit dans ses rapports avec lui. Le pardon appelle l'homme au retour à la vie et le libère ainsi de la mort encrée dans le mal du péché. C'est uniquement par le pardon que l'homme retrouve l'intimité avec

---

[216] F. BONHOEFFER, *Schopfung und Fall*, p.82 cite par G. von RAD, *Op.cit.*, Genève, Labor et Fides, 1968, p.94.
[217] N.von BOHEMEN, "Justice, justification divine" in *Dictionnaire de la Bible : supplément*, t.IV, Paris, Létouzey, & Ané, 1949, Col.1453.

Dieu. Le pardon appelle ramène l'homme à la vie. Le pardon ressuscite et libère l'homme de la mort.

L'Éternel est un Dieu miséricordieux et compatissant, lent à la colère, riche en bonté et en fidélité, qui conserve son amour jusqu'à mille générations, qui pardonne l'iniquité, la rébellion et le péché.[218] Il est "lent à la colère et riche en bonté."[219], "car il prend plaisir à la miséricorde."[220]. Dieu nous aime malgré notre situation pècheresse et rebelle. Il nous veut toujours tellement du bien qu'il a lui-même réparé la brèche a la base de nos péchés et nos fautes qu'il a réparé une fois pour toute par le sacrifice de son Fils, Jésus-Christ. Certes, nous sommes pécheurs mais parce qu'Il nous aime, Dieu a fait en sorte que nous puissions être réconciliés avec Lui.

La vraie religion c'est vivre une étroite relation avec Dieu. Faire ce qui est droit et juste devant Dieu, en d'autre terme ce qui plait à Dieu. Ce qui est conforme à sa volonté. Pour connaitre ce que Dieu aime, ce qui lui plait, ce qui est étroit à ses yeux, ce qui est conforme à sa volonté, il faut rester attentif aux écrits sa parole car c'est elle qui nous dévoile et nous son secret. La parole de Dieu déclare que l'Eternel Dieu est avec vous lorsque vous êtes avec lui. Si vous le cherchez, il se laissera trouver par vous, mais si vous l'oubliez, il vous oubliera de même.[221]

La volonté de Dieu vis-à-vis de l'homme depuis la création est qu'il vive en harmonie avec celui-ci. Le Dieu Créateur a voulu tout au départ que l'homme créé lui rende de véritable culte à perpétuité et de manière ininterrompue. La Parole de Dieu ne cesse d'interpeller l'être humain lui rappelant son devoir qu'il abandonne, oublie ou rejette de temps en temps. L'homme devait rester saint pour l'Eternel, comme l'Eternel est saint car il a été mis à part pour être propre à lui.[222] Ainsi donc, a pour devoir de suivre et prendre soin des décrets, des lois, des prescrits pour vivre en paix dans le pays pour qu'en fin il bénéficie

---

[218] *Exode* 34,6-7
[219] *Jonas* 4,2
[220] *Michée* 7,18
[221] *2 Chroniques* 15,2b
[222] *Exode* 25,18

des fruits que produira le pays et être satisfait.[223] L'homme n'a qu'à obéir uniquement.

D'après Osée[224] ce que Dieu aime, ce n'est pas les sacrifices, mais la piété ; sa connaissance, et non les holocaustes.

3.6 LE JUGEMENT

Le passage de Genèse 3,17-24 relate de manière et en termes humais la façon dont Dieu châtie l'homme après sa désobéissance. Ce jugement est présenté par le narrateur d'évènements Yahviste dans un langage juridique. L'introduction du verset 17 suggère l'idée d'un avertissement antérieur : "parce que tu as écouté la voix de ta femme et que tu as mangé de l'arbre dont je t'ai formellement prescrit de ne pas manger..." L'avertissement ultérieur dont il est question dans ce passage est vraisemblablement celui décrit au chapitre 2 versets 16 et 17 repris de la manière suivante : "Le Seigneur Dieu prescrit à l'homme : tu pourras manger de tout arbre du jardin, amis tu ne mangeras pas de l'arbre de la connaissance du bien et du mal car le jour où tu en mangeras tu mourras certainement". L'avertissement ci-haut repris annonce le danger qui frapperait l'homme au cas où il succombait à la tentation de la désobéissance. C'est en quelque sorte cet avertissement qui constitue la loi même du jardin et qui gère la relation bilatérale Dieu-homme. La négligence de cet avertissement, la prise à la légère, la déconsidération de l'ordre divin expose l'homme au jugement, à la pénalité de mort.

Rien ne nous empêche d'argumenter sans ambages ni crainte d'être contredit que Dieu est juste, et que par sa justice il ne peut punir sans avoir averti par et à travers sa Loi ou sa parole dans laquelle il annonce le danger encouru par l'être humain récalcitrant et rebelle a sa parole et ses prescrits. Ainsi donc, après l'avertissement Dieu n'est pas responsable de jugement mais plutôt l'homme. C'est l'homme qui est responsable de son sort, de sa destinée,

---

[224] Osée 6,6

de sa culpabilité, de son péché qui conduit à sa mort physique et spirituelle. Le jugement de Genèse 3,17-24 frappe l'homme dans toutes ses dimensions et toutes relations, celles avec Dieu sont les premiers à être gâchées, suivent celles de la nature aux versets 17-18 et enfin les relations de l'homme avec lui-même et avec autrui s'enlisent, au verset 19. La résultante est qu'ils se rejettent la faute l'un à l'autre en se banalisant.

Pour S. Amsler[225], Dieu juge pour sauver ; il ne prend pas son parti dans le funeste départage de la création ; il ne laisse pas l'humanité courir à sa perte. Il décide d'interrompre cette aventure qui a mal tourne. L'origine de cette fêlure de crise ne vient pas de Dieu, mais de l'être humain lui-même, incapable de résister le virus du doute.

3.6.1 Le jugement rétribution

Le principe de la théologie de rétribution est que la désobéissance au Seigneur entraine un châtiment manifestant la colère divine[226] comme par exemple, la défaite militaire, la défection de son peuple, la conspiration, la maladie tandis que l'obéissance obtient la bénédiction, une progéniture nombreuse, la réalisation d'un programme de construction, les victoires militaires, la gloire, le succès, le soutien populaire, la prospérité ou la paix.

La rétribution dont il est question au chapitre 3 et qui frappe l'homme est annoncée d'avance aux versets 15-17 du chapitre 2, en guise d'avertissement. Dieu annonce le châtiment qui surgira a l'homme dans le cas où il n'obéirait à son commandement, à sa loi, à son ordre, à ses préceptes ou prescrits. Les conséquences atteindront implicitement la famille, le clan, le pays de la victime. La théologie rétribuiez de Dieu est fondée sur la foi en un Dieu vivant, vrai et véritable qui intervient dans le cours de l'histoire humaine.

---

[225] S. AMSLER, *Op.Cit*, p.64
[226] S. ROMEROWSKI, "La théologie de la rétribution dans les Chroniques » in *Revue de réflexion théologique Hokhma*

Devant Dieu tout homme est appelé à se déterminer ; devant lui, tout homme est responsable sur toute l'étendue de la terre. Tout homme doit se rendre compte de ses actes qui révèlent les dispositions de son cœur, car le Seigneur rend à chacun selon ses œuvres, selon ses actes. C'est vers une telle théologie que nous oriente le texte de Genèse 3,17-24

3.7 LE SALUT

Aussitôt que l'homme ait désobéit au verset 17, une punition lui est infligée par Dieu. Dans le plan de l'économie du salut, Dieu destine l'homme à la vie éternelle, à laquelle le péché vient le dérober et le détourner. L'auteur Yahviste fait correspondre au premier péché une réaction immédiate et réciproque de Dieu pour le salut. Nous pouvons affirmer sans ambages que Dieu a destiné l'homme au salut éternel et permanent bien que le péché l'en a détourne. En effet, l'Eternel ne prend pas plaisir à la mort du pécheur, ainsi ne veut ni ne désire que l'homme demeure dans le péché mais qu'il s'en sort, s'en écarte et s'en éloigne.

Malgré le péché, Dieu n'abandonne pas l'homme mais l'entoure de son amour et de son pardon pour son salut éternel et intégral. Le récit de la Genèse qui est soucieux de nous raconter l'origine de toute chose n'a pas laissé inaperçue la notion du salut. Le salut est destiné à tous dès la création. La loi de Dieu et son amour constituent une unité et concourent au salut de l'homme.

Le Dieu d'amour, plein de bonté et de générosité ne nous veut pas du mal mais du bien. Dieu en créant l'homme, a voulu que celui-ci soit en communion éternelle avec lui. Cette communion est coordonnée par une mise en place des bonnes conditions dans lesquelles l'homme créé est sensé s'épanouir et se développer et/ou évoluer. C'est ainsi que Dieu créa un bon jardin au profit et au service de l'homme. A la de leur création, Adam et Eve étaient saints, placés dans un environnement saint. Où ils étaient tous   les deux très heureux sans aucun souci. Tout était pratiquement parfait. Et pour que cela soit, il aurait fallu qu'Adam et Ève reçoivent la vie éternelle ; ce qui, en fait, était à leur portée mais que le péché est venu rompre la valeur et la qualité.

L'histoire nous raconte comment ils ont été évincés et la raison qui fut à la base, à la fois de la perte de leur sainteté et de leur identité. Le Dieu créateur explique à l'homme créé ce qu'il faut faire pour demeurer heureux et vivre éternellement. L'homme, de tous les temps a toujours commis la même faute que celle du premier homme qu'il représente, se fiant à son propre raisonnement et les orientations de son cœur sans se soucier de Dieu. Il est très important voire vital à l'homme de tenir ferme vis-à-vis de l'obéissance au commandement de Dieu. C'est uniquement de cette façon que nous démontrons notre soumission, notre humilité, fidélité, notre allégeance, notre docilité, notre fidélité, notre assujettissement au Seigneur notre Dieu.

Le Dieu d'Israël veut que le cœur de son peuple se tourne vers lui et lui uniquement, se sanctifient pour afin lui rendre un culte digne et une prière sans tache. La parole de Dieu nous invite à marcher quotidiennement dans la sainteté qui découle d'une parfaite marche droite avec la loi de Dieu

A chaque fois que l'homme se soumet au péché, Dieu cherche la solution palliative en tant que Père et ainsi remédier à ce qui empêché l'homme de rétablir la relation et communier avec lui. A chaque moment où la relation se détériore avec l'humanité Dieu trouve de solution car l'homme est incapable non seulement du salut mais aussi et surtout de tout Bien. C'est ainsi que ce verset 21 de Genèse 3[227] nous explique avec clarté et en toute quiétude, la bonté, la grâce, la providence, l'amour, la compassion et le don de Dieu qui, tout en punissant n'abandonne nullement l'homme mais plutôt rétablit   la relation bilatérale à tout moment où elle a été gâchée.

Cela étant, il nous revient d'affirmer sans ambages ici que Dieu est éternel réparateur des brèches entre l'homme et lui.   C'est lui, toujours lui et uniquement lui qui est l'initiateur du salut dans l'histoire de totale et universelle de l'humanité. Il est donc la solution a tout problème humain. Par son amour,

---

[227] L'Éternel Dieu fit à Adam et à sa femme des habits de peau, et il les en revêtit.

Dieu nous invite à la sainteté dans un amour sans comparaison envers lui mais aussi un amour digne réciproque avec nos semblables.

Que devons-nous faire pour plaire à Dieu et lui rendre un culte agréable ?

A la création, Dieu a inscrit dans le cœur de l'homme le désir de le voir, bien qu'un tel désir parait être ignoré de l'homme, Dieu ne cesse d'attirer l'homme à lui pour qu'il vive et trouve en Lui la plénitude de vérité et de bonheur qu'il ne cesse de chercher. Par nature et par vocation, l'homme est donc un être religieux, capable d'entrer en communion avec Dieu. Ce lien intime et vital avec Dieu confère à l'homme sa dignité fondamentale. L'homme est incapable de connaitre Dieu à travers les limites de sa raison. En plus, l'homme est incapable d'entrer de lui-même dans l'intimité avec Dieu. C'est pourquoi Dieu a voulu et veut toujours éclairer ses pas par sa Révélation, non seulement sur les vérités qui dépassent la compréhension humaine, mais aussi sur les vérités religieuses et morales.

Le monde a été créé pour la gloire de Dieu, qui a voulu manifester et communiquer sa bonté, sa vérité et sa beauté pour sa gloire et pour bonheur de l'être humain.

3.8 SOMMAIRE

Le chapitre troisième de notre étude décrit brièvement le jugement de Dieu dans son plan intégral du salut. Du récit de jugement, nous pouvons retenir ce qui suit : Dieu nous a tous destinée au salut éternel mais veut de nous la fidélité. La désobéissance, moindre soit-elle à nos yeux, peut nous dégrader, nous disqualifier ou même être fatale devant le créateur. C'est pour cette raison que Dieu châtie par amour pour sauver, car le châtiment implique et envisage un aspect éducatif. YHWH éduque son peuple par amour pour l'amener à ne plus transgresser sa loi afin de sauvegarder la bonne relation et l'étroite collaboration entre les deux parties. Dieu n'abandonne pas l'homme bien qu'il réagit par la sanction. "Qui aime bien châtie bien" dit un adage populaire.

L'auteur du troisième chapitre de Genèse oppose la méchanceté et la rébellion perpétuelle de l'homme à la bonté immanente de Dieu dans son action salvatrice. Dieu comme auteur du salut est considérée par l'auteur à la fois comme offense, avocat et juge clément prêt à amnistier une faute passible de mort bien que l'homme ne s'est pas retrouver, après l'acte commis, initier et solliciter la grâce divine en demandant pardon.

Si le peuple qui répond à mon nom s'humilie et prie et cherche ma face et se tourne de ses mauvaises voies, c'est alors que j'attendrais du ciel et je pardonnerais leur pèche et je guérirais leur terre/pays.[228] Viens, réfléchissons ensemble, dit l'Eternel même si vos pèches sont comme la cramoisie, ils seront plus blancs que la neige. Même s'ils sont rouge comme la cramoisie, ils seront comme le lin. Si vous le souhaitez et si vous êtes obéissant, vous mangerez le meilleur des champs/pays/terre. Mais si vous vous rebellez, vous serez dévorés par l'épée car la bouche de l'Eternel a parlé.

CONCLUSION

LA Bible décrit l'homme comme le véritable sommet de la création réalisée par Dieu dans le but essentiel de vivre le plus longtemps possible avec lui dans l'amour et dans le bonheur. L'homme n'a pas accepté les conditions de l'appel et de l'offre de Dieu. Sa mauvaise décision ou mauvais choix explique l'origine du mal qui affecte toute son existence et celle de sa postérité jusqu'à l'infini.

---

[228] 2 *Chroniques* 7,14

L'auteur de Genèse affirme avec certitude, précision et toute conviction, une réalité théologique profonde que le mal est dans l'homme. Celui-ci va désormais quitter le lieu originel qui lui a été destiné par son créateur pour débuter une autre histoire dure, difficile et douloureuse. Genèse 3 ambrasse de manière particulière, l'actualité de l'homme à partir de la désobéissance. Le Yahviste discerne le principe de la désobéissance, et les principes fondamentaux qui s'observent dans les péchés contre Dieu et contre les frères humains. C'est particulièrement cette situation qui fait dégénérer et dérégler le rapport et la relation entre Dieu, l'homme, la nature et l'univers.

Le don de vêtement de qualité durable qui est une initiative de Dieu se fait décrire sous deux aspects d'abord comme défense instinctive de l'homme, ensuite comme un ordre de miséricorde divine qui ne veut pas exposer la honte de ceux qui ont désormais honte l'un de l'autre. L'homme est revêtu de Dieu d'un vêtement en peau de bête, signe de protection infiniment plus efficace et de longue durée, plus efficace que celui que l'homme s'est confectionne en pagne des feuilles de figuiers. L'homme est incapable de se sauver lui-même. Ce vêtement de peau de bête est également un signe de pardon et du véritable amour que Dieu couvre l'homme.

L'homme est au départ un souffle de Dieu, c'est le souffle de Dieu qui fait de lui différent des autres animaux. La mort physique n'est pas issue du jugement mais plutôt la mort spirituelle qui est lie au châtiment de Dieu. Genèse 3,17-24 montre que la vie éternelle n'est pas un lot de l'homme physique mais un bien et une qualité exclusif de Dieu. En effet, l'homme est présenté après l'auteur Yahviste comme mortel, fragile de par sa création.

Le récit de la chute veut nous apprendre une réalité qui répond au questionnement quotidien existentiel. Dieu créa l'homme et l'établit dans un jardin plein de vie et d'espoir. La loi de Dieu est le guide et sa boussole de l'homme. L'homme choisi de mettre de cote cette loi et d'évoluer sans elle et les conséquences furent qu'il s'est retrouvé expulsé hors du jardin ou il n'y a pas de guide, pas de loi, pas de relation avec Dieu, c'est donc dans le noir de l'incertitude le plus total. L'homme est donc confus et une confusion aux conséquences incalculables en dehors du jardin qui traduisent la misère, la peine, la souffrance, la fin, la maladie et enfin la mort. Ceci, car l'absence de la vie c'est la mort, l'absence de la lumière ce sont les ténèbres et l'absence de la foi c'est l'incrédulité.

Le Yahviste nous transmet son récit dans une figure de style plein d'images et de sens afin de rendre le texte plus vif, l'explication plus nette et l'audition plus claire. Il est dangereux d'interpréter ce texte à la lettre ou de manière vague ou terre à terre comme nous l'avons bien dit dans le développement de cette étude. La composition de l'histoire des origines décrit par l'auteur Yahviste proclame avec une imposante exclusivité que toute corruption, toute confusion dans le monde vient du péché. L'auteur nous révèle aussi que le mystérieux accroissement du pouvoir de la grâce correspond au fossé que le péché a établi entre l'homme et Dieu.

L'histoire de la chute montre l'immanence de l'intervention universelle du plan salutaire de Dieu qui châtie et qui pardonne également. De manière pratique, le passage de Genèse 3,17-24 est une bonne référence et illustration en matière de conduite dans la vie chrétienne par la fait qu'il démontre en suffisance que les conséquences d'une vie privée peut affecter à la fois la personne, le groupe, le peuple et la nation auquel appartient l'individu. Le Dieu de grâce, notre Dieu, est un Dieu compatissant, lent à la colère et abondant en amour. Jonas 4,2b, qui invite l'homme à s'investir incessamment dans la recherche du bien et non du mal afin que celui-ci vive longtemps et le Seigneur Tout-Puissant sera avec lui, Amos 5,14. Jérémie pour sa part interpelle l'homme à se détourner de ses mauvaises voies et actions. Car selon ce dernier, l'homme qui change de voies et actions, qui agit de façon droit et juste envers ses concitoyens contemporains et qui ne se dévoue qu'à Dieu uniquement le servant avec diligence et détermination sans recul notamment de tout son cœur, de tout son âme et de tout son être ; comme récompense, Dieu promet de le faire vivre et l'établir dans le pays qu'il a juré possession à ses ancêtres, Jérémie 18,11b ; 7,1-8. A celui qui obéit Dieu fait pleuvoir un torrent des bénédictions mais celui qui désobéit Dieu l'arrose par une pluie des malédictions[229]. Noé fut tout ce que Dieu lui avait ordonné et la récompense fut que Dieu lui épargna de la catastrophe qui frappa le pays[230]. La femme de Lot par contre devint une colonne de sel à la suite de sa désobéissance.[231]

Maintenant, craint l'Eternel et sert le avec toute fidélité. Jetez loin de vous et abandonne les dieux que tes pères adoraient au-delà du fleuve et en Egypte et sert l'Eternel. Mais si servir l'Eternel vous semble indésirable, alors choisi de vous-même aujourd'hui qui vous allez servir, ou les dieux que vos pères ont servi au-delà du fleuve, ou les dieux des amorites entre les mains de qui vous vivez, mais quand à ce qui me concerne, moi et ma maison, nous allons servir l'Eternel.[232]

BIBLIOGRAPHIE

1. OUVRAGES DE REFERENCE

BALCHIN, J., COTTEREL, P.,EVANS, M., *La Bible à grands traits: une analyse de chaque livre*, Gebwiller(France), LLB. 1991.

Concordance des Saintes écritures, Lausanne, Société Biblique Auxiliaire de Canton de Vaud, 1983.

Dictionnaire de la Bible Supplément, t.V, Paris Letouzey &Ane, 1957

Dictionnaire de la Bible et des religions du livre Judaïsme, Christianisme/Islam, Turnhout (Belgique), Brepols, 1990

Dictionnaire encyclopédique du christianisme ancien, t.II, Paris, Cerf1987

Dictionnaire de la Bible, supplément, t.III Paris Letouzey & Ané, 1972.

ELLINGER,K., & RUDOLPH, H., *Biblia Hebraica Stuttgartensia*, Stuttgart, Deutsche Biblegesellschaft Stuttgart, 1987.

GEORGES, A., LEON-DUFOUR, DUPLACY, J., et al., *vocabulaire de théologie biblique*, Paris, Cerf, 1977.

---

[229] *Deutéronome 28,1-14; Genèse 22,15ss*
[230] *Genèse 7,5 ; 6,22*
[231] *Genèse 19,24*
[232] *Josué 24,14ss*

GILLIERON, B., *Dictionnaire biblique*, Paris, éd. du Moulin, 2eme éd. 1990.

GODET, F., *La Bible Annotée AT Genèse – Exode,* Saint-Légier, Emmaus, 1985.

La Bible de Jérusalem, Paris, Ed. du Cerf, 1981.

La Bible, Traduction œcuménique, Edition Intégrale, Paris, Cerf, 1988.

La Sainte Bible, Genèse, Paris, Cerf, 1953.

Le Saint Coran et la traduction en langue française du sens de ses versets, Al-Madinah Al Munawwarah, 1986.

MONLOUBOU, L., & BUIT, F.M,(du), *Dictionnaire biblique universel,* Paris, Descllée, 1984.

Nouveau Dictionnaire Biblique, Saint Legier, Emmaüs, 1991

RAHLFS, A., *Septuanginta,*Stuttgart, Deutsche Bibelgeselschaft, 1979.

RAYMOND, P., *Dictionnaire d'Hébreu et d'Araméen bibliques,* Paris, Cerf, 1991.

SANDER, N-P& TRENEL, I., *Dictionnaire d'Hébreu-Français,* Genève, Slatkine Reprints, 1991

Vocabulaire de Théologie, Paris, Cerf, 1962.

WESTFAL, A., (dir), *Dictionnaire encyclopédique de la Bible,* t.I, Paris, Je sers, 1932.

_______ *Dictionnaire encyclopédique de la Bible,* t.II, Valence-sur-Rhône, Imprimeries réunies, 1935.

2. OUVRAGES GENERAUX

AMSLER, S., *Le dernier et l'avant dernier, étude sur l'Ancien Testament,* Genève, Labor et Fides, 1993.

_______, *le secret de nos origines : étrange actualité de Genèse 1-11,* Lausanne, Ed. du Moulin, 1993

AUBERT, J-M., BAUVAUD, G., BONNARD,P., et al. *Loi et Evangile,* Genève, Labor et Fides, 1981.

BARTH, K., *Dogmatique : la doctrine de la création,* Vol.III, Genève, Labor et Fides, 1960.

BASSET, H., *Le Pardon originel, de l'abime au pouvoir de pardonner*, Genève, Labor et Fides, 1994.

BLOCHER, H., *Révélation des origines : les débuts de la Genèse*, Lausanne, PBU, 1988

BRIEND, J., *Texte du Proche-Orient et l'Histoire d'Israël*, Paris, éd. du Cerf, 1986.

BUHLER, P., *Le problème du mal et de la doctrine du péché*, Genève, Labor et Fides, 1976.

CHAINE, J., *Le livre de Genèse*, Paris Cerf 1948.

CHARPENTIER, E., *Pour lire l'Ancien Testament*, Paris, Ed. du Cerf 1986

CHAUVIN, J., *L'aventure humaine : essai de la lecture non religieuse de l'Ancien Testament*, Lausanne, éd. Age d'homme, 1996.

CLAUS, W., *Théologie de l'Ancien Testament*, Genève, Labor et Fides, 1985.

CROEGAERT,C.A., *Commentaires liturgiques des leçons du catéchisme de Belgique, Canada, France, Suisse*, t.I., Nazareth, Les vérités de la foi, 1952.

DUBARLE, A-M., *Le péché originel : écriture et tradition*. Paris, Cerf, 1999.

GABBUS, J-P., *L'amour fou de Dieu pour sa création : croire en un Dieu créateur et libérateur*, [s.l.], 1991.

GISEL, P., *La création*, Genève, labor et Fides, 1980.

GOUNELLE, A., *La mort et l'Au-delà*, Paris/Genève, Cerf/Labor et Fides, 1998.

JACOB, E., *L'Ancien Testament*, ("Que sais-je ? "), Paris, PUF, 1988.

________, *Ras Shamra et l'Ancien Testament*, Neuchatel, Delachaux et Niestlé, 1960.

________, *Théologie de l'Ancien Testament*, Paris, Delachaux et Niestlé, 1955.

La Bible déchiffrée, une introduction de la Bible, Gebwiller, LLB, 1989.

LUTHER,M., *Commentaire de Genese1-11*, Genève, Labor et Fides, 1975.

Maillot, A., *Eve ma mère : étude sur la femme dans l'Ancien Testament*, Paris, Létouzey et Ané, 1983.

MARTIN-ACHARD, R., *Et Dieu créa le ciel et la terre*, Genève, Labor et Fides, 1979.

________, *La mort en face selon la Bible hébraïque*, Genève, Labor et Fides, 1988.

NEDICO, H.E., *La Bible cananéenne découverte dans le texte de Ras Shamra*, Paris, Payot, 1950.

MICHAELI,F., *Le livre de Genèse*, t.I, Neuchâtel/Paris, Delachaux et Niestlé, 1957.

_______ *Le livre de Genèse*, t.II, Neuchâtel/Paris, delachaux et Niestlé, 1960.

MOTYER, A., *Amos le rugissement de Dieu*, Lausanne, Parole pour vivre, 1982.

MOUNIER, F., *La création du monde*, Paris, Centurion, 1980.

_______, *La création du monde et la science face au mystère de nos origines : contradiction ou convergence ? le sens du récit de la Genèse*, Paris, Centurion, 1989.

PURY, A. (de), *Le pentateuque en question*, 2eme édition corrigée, Genève, Labor et Fides, 1991.

_______, *Présence de l'éternité*, ("actualité protestante"), Neuchâtel, Delachaux et Niestlé, 1943.

RAD, G.(von)., *La Genèse*, Genève, Labor et Fides, 1949.

RENDTORF, R., *Introduction à l'Ancien Testament*, Paris Cerf, 1989.

ROMER, T., *Dieu obscur, le sexe, la culture et la violence dans l'Ancien Testament*, Genève, Labor et Fides, 1998.

SIEGWALT, G., *La loi du salut*, Neuchâtel, Delachaux et Niestlé, 1971.

VAUX, R., *La Genèse*, Paris, Cerf, 1953.

WENIN, A., *Pas seulement du pain... violence et alliance dans la Bible*, Paris, Cerf, 1998.

WESTERMANN, C., *Théologie de l'Ancien Testament*, Genève, Labor et Fides, 1985.

ZOUM, B.E., *L'œuvre latine du Maitre Eckhart : Commentaire de Genèse procédés de prologue*, Paris, Cerf, 1999.

3. ARTICLES

BERTHOUD, P., « Le thème de la Genese1-11 », in *La Revue Reformée. Soli Deo Gloria2*, (1980), pp.250-264.

ROMENOWSKI,S., "La Théologie de la rétribution dans les chroniques" in *Revue de Réflexion théologique Hokhma* 35 (1987), pp.1-34.

4. AUTRES DOCUMENTS INEDITS

MUSUVAHO, P., *Initiation à la théologie de l'Ancien Testament*, Goma, ULPGL, 1999.

__________, *Genèse*, Goma, ULPGL, 2000.

NGAYIHEMBAKO, M. S., *Histoire de la révélation a la lumière du Nouveau Testament*, ULPGL, Goma, 2000.

VINCENT, J-M., *Esquisse d'une théologie du Nouveau Testament*, ISTP-Goma, 1991.

CONTENTS